습관은 반드시 실천할 때 만들어집니다.

좋은습관연구소가 제안하는 32번째 좋은 습관은 바로 "IT 기획자의 노트 습관"입니다. 기획자는 지휘자이며 조율자입니다. 프로젝트를 리딩하는 역할을 하며 주어진 자원을 효율적으로 사용해 결과물을 만드는 일을 담당합니다. 이 과정에서 여러 분야의 사람들과 이해 관계를 조정합니다. 이때 기록과 정리 나아가 회고를 위한 노트 쓰기는 기획자에게 가장 기본적인 업무 역량을 키워줌과 동시에 협업의 툴, 실수 예방의 툴로 쓰입니다. 이 책을 통해 기획자로 일하기 위해 갖춰야 할 능력은 무엇이며 평소 어떤 공부를 꾸준히 해야 하는지 살펴보겠습니다.

Feedback

10년 차
IT 기획자의
노트

아홉 개의
노트가 알려준
성장과 배움의
습관

한성규 지음

→ Planning

IT 기획자로 일하는 방법
그리고 성장하는 방법

"성규야 이거, 내가 지금 이거밖에 없어 미안해."

홍보대행사에서 인턴으로 근무하던 때였다. 곧 있을 미디어 행사를 앞두고 밤 늦게까지 준비 작업에 여념이 없었다. 새벽까지 일은 이어졌고, 잠시 집에서 눈만 붙이고 다시 회사로 나오는 일이 반복되다시피 했다.

드디어 행사 전날 밤, 챙겨야 할 물품 등 이것저것 준비를 끝내고 자리로 돌아와 가방을 챙기는데, 가방 안에 지폐 한 장이 보이는 게 아닌가. 처음에는 지갑에서 돈을 꺼내다 떨어뜨

린 줄 알았다. 하지만 돈과 함께 있던 메시지를 보고서야, 누군가가 나를 위해 넣어둔 것이라는 걸 알게 되었다.

아직 정리해야 할 일이 남았다며 먼저 들어가라고 말해준 사람, 매일같이 밤 늦게까지 일한 사람(나는 고작 며칠이었지만), 슬쩍 고개를 돌려보니 여전히 회의실에서 노트북을 붙잡고 있는 사람, 바로 나의 사수였다. 늦은 밤, 수원까지 가야 하는 내게 조금 더 편하게 가라고 택시비를 슬쩍 넣어준 것이었다.

나는 그 돈을 함부로 쓰지 못했다. 그리고 힘내라며 한 줄 써준 메모는 인턴 생활을 하는 동안 매일 들여다볼 정도로 무엇과도 바꿀 수 없는 소중한 징표가 되었다. 배려의 정의는 모두 다르겠지만, 예상치 못한 순간의 배려는 오랜 시간 주변을 맴돈다.

인턴이 끝난 후, 나는 정직원으로 일 할 기회를 버리고 창업을 선택했다. 그리고 다시 스타트업에 뛰어들어 10년째 일하고 있다. 10년 가까이 일하며 많은 것을 배우고 느꼈지만 가장 아쉬운 것은 내게 배려심 깊은 두 번째 사수는 더 이상 없었다는 점이다. 그래서 늘 잘하고 있는지, 옳은 선택을 하고 있는지, 놓친 것은 없는지 불안한 마음이 컸다. 그런 상황에서 내가 선택한 최선의 방법은 기록과 정리였다. 실제로 업무를 하며 틈틈이 작성한 노트와 메모 등은 내 일을 돌아보는 것과 동시에 나를 돌아보게 했고 결국, 더 나은 다음, 더 나은 나를 만드는데 도움을 주었다.

이 책은 IT 분야의 기획자와 PM으로 일해온 나의 솔직한 기록으로 나와 유사한 업무를 하는 사람들이 일의 흐름을 익히고 그 과정에서 무슨 기록과 정리를 남길 수 있으며, 실제로 어떤 도움을 얻을 수 있는지 설명하는 책이다. 한마디로 IT 기획자로 일 잘하는 방법과 IT 기획자로 성장하는 방법을 담았다.

이미 충분한 메모와 기록을 평소에 해오고 있는 분이라면 한 번 비교해볼 요량으로, 반대로 그동안 별다른 기록 없이 일해온 분이라면 어떻게 시작하면 좋을지 참고삼아 보는 출발점으로, 이 책이 쓰였으면 좋겠다. 업무 공간 한 쪽에 두고 사수가 고플 때, 이렇게 하는 게 맞나 초조하거나 불안한 마음이 들 때, 꺼내 볼 수 있는 책이 되기를 바란다.

이 책을 쓰는 내내 그날의 감정을 계속 떠올리려 노력했다. 사수는커녕 함께 일할 사람도 부족한, 무슨 일을 하는지 설명하려면 여전히 많은 시간이 필요한, 그럼에도 불구하고 가치 있는 서비스를 만들기 위해 지금 이 순간에도 자신과의 싸움을 이어가는 모든 분들에게 내가 사수로부터 받았던 배려가 고스란히 전달되었음 하는 마음이다.

저 멀리 미지의 사수가 전하는 응원의 마음처럼 이 책을 읽어주었으면 좋겠다.

9개의 노트

노트 이름 / 얼마나 자주 작성하는지 / 포함되는 내용 / 어디에 작성, 공유하는지

1. 배움 노트 / 1일 1회 작성 / 업무 중 깨닫는 것들과 여러 정보 습득 과정에서 얻게 된 지식 등 / 노션

2. 리뷰 노트 / 수시 작성 / 우리 서비스와 유사한 사례 분석, 기능 단위 참고 자료 등 / 노션

3. 팀 기획 노트 / 수시 작성 / 팀이 함께 볼 업무 관련 자료와 아이디어 등 정리 / 노션(작성 후 슬랙으로 링크 공유)

4. 스펙 노트 / 프로젝트(서비스) 개발 시작 전 작성 / 업무 공유 문서로 개발 내용 및 목적 공유 / 노션

5. 운영 매뉴얼 / 프로젝트(서비스) 론칭 전 작성 / 운영 가이드 문서로 서비스 운영 관련 사항 공유 / 노션

6. 기능 가이드 / 기능 업데이트 전 작성 / 기능 업데이트 내용과 이에 따른 변경 사항 공유 / 노션

7. 백로그 / 수시 작성 / 프로젝트(서비스) 별 개선 사항과 다음 개발에 필요한 내용 등 / 노션(프로젝트별 운영하며, 작성 후 프로젝트 관리 프로그램으로 링크 공유)

8. 회고 노트 / 월 1회 작성 / 프로젝트별 잘해온 것, 문제 사항, 해결법 등 / 노션

9. 피드백 노트 / 수시 작성 / 업무적으로 개인적으로 조언 받은 내용을 기록 / 노션

1
배움 노트

크게 두 가지 내용을 작성한다. 하나는 뉴스레터나 미디어 등에서 본 정보와 이에 대한 생각 정리, 또 하나는 일을 하면서 경험하고 알게 된 내용이다.

첫 번째 정리법은 날짜와 내용 구분에 따라 페이지를 별도로 생성해 정리한다. 이때 중요한 것은 '태그'로 내용의 핵심 키워드를 등록하는 것이다.

두 번째 정리법은 새롭게 알게 된 지식, 실수로 깨닫게 된 내용 등을 기록한다. 상황을 구체적으로 명시하고 배운 점, 개선점 등을 기록한다.

매일의 배움

💬 뉴스레터, 일반뉴스, 외부 콘텐츠 등을 통해 배운 내용들을 정리하기 위한 목적.
매일 보는 내용들을 그대로 흘려보내지 않기 위한 목적.
추가 콘텐츠 제작으로 연결 하기 위함!

1.매일 틈틈이 보게 된 자료를 주차 별 카드에 요약한다.
2.매주 주말 다시 한 번 읽어보며 밑줄을 긋고 떠오르는 생각을 등록한다.
3.태그를 통해 등록된 뉴스, 정보를 구분한다.

🐢 Today I Learn

2023.06

🔲 Default view   🔲 Gallery   📅 Calendar

-

올웨이즈의 600억 투자 유치 이유

👍 정보 출처 : 트렌드라이트 뉴스레터

✏️ 주요 키워드 : 투자,올웨이즈

올웨이즈가 이번에는 600억 원 규모의 시리즈 B 투자를 유치했습니다. 작년 9월 133억 원의 자금을 조달한 이후 약 9개월 만의 일인데요. 이로써 올웨이즈의 누적 투자 유치액은 무려 869

🎍 2023. 06. 넷째 주

Jun 19 → Jun 25

`커머스`

본격화되는 전 지구적 AI 투자 경쟁

👍 정보 출처 : 커피팟 뉴스레터

✏️ 주요 키워드 : AI(인공지능)

지난주, 창업한 지 4주밖에 되지 않은 파리 기반의 AI 스타트업, 미스트랄 AI(Mistral AI)가 기업가치 2억 4000만 유로(약 3360억 원)로 1억 500만 유로(약 1470억 원)를 투자받았다

🎍 2023. 06. 셋째 주

Jun 19 → Jun 25

`AI`

당신의 전략이 실패하는 4가

👍 정보 출처 : 그로우앤버터 뉴스레터

✏️ 주요 키워드 : 전략기획

모든 조직은 전략을 세우고 이를 성공적으을 다합니다. 그러나 너무 슬프게도 비즈로 실패합니다. 이는 이미 잘 알려진 시

🎍 2023. 06. 둘째 주

Jun 19 → Jun 25

`전략기획` `사고`

+ New

Today I Learn

↙ 2 backlinks

2023년 2분기

2023년 2분기

> 매일, 나는 무엇을 배웠는지 간략하게 기록하기 위한 문서

▼ 2023.06 넷째 주

- 생각은 누구나 할 수 있지만, 그 일부를 실행으로 옮기는 것은 누구나 할 수 없다. 특히 사이드나, 개인 프로젝트라면 기존에 맞게 생각과 내용이 정리되었으면 실행 방법이라는 다음 단계로 넘어가야 한다. 실행 과정에서도 수없이 많은 어려움이 존재할 수 있고, 그 어려움들은 실행을 해봐야 알 수 있는 것들이 많다. (여전히 나는 메모한 내용 보다 실행한 내용이 적다.)

- 업무를 하며 개인 프로젝트를 하는 것은 쉽지 않기에, 전체 해야할 일을 일주일 동안 잘 구분해서 진행하는 것이 중요하다. 예를 들어 지난주에 매일의 배움은 월요일에 한 번 보고 이후에 보지 못했고, Xincere는 거의 2주째 들여다보지 못하는 상황, 프로젝트M 역시 강의를 듣지 못하고 있다. 각 사이드 프로젝트 별 주요 일정을 미리 잡아두고 데일리룸 시간을 할당하는 것이 중요하다는 생각.

- 내가 아는 것이 답은 아니라는 사실. 외주를 하면서 기획을 잘 못한다는 이유로 내가 하는 작업이 정답이라는 가정하에 커뮤니케이션을 하는 경우가 많았음. 은연중에 말투에도 포함될 때도 있고, 업무 과정에도 틀린 걸 맞다는 생각하에 진행할 수 있기에 이런 점은 내가 고려해서, 각자의 방법을 잘 녹여내 균형을 맞출 수 있도록 노력해야 된다는 생각!

- 우리가 흔히 하던 업무 방식이 아니라, 모두에게 낯선 방식에 따라 진행해야 할 경우 어떻게 할 것인지, 기존 대비 무엇이 달라지며 혼란을 줄이기 위해 어떤 방법을 활용하면 좋을지에 대해 함께 일하는 구성원들과 충분히 이야기를 할 필요가 있다. 이미 나는 다른 회사에서 2개 팀이 통합되면서 업무 방식에 대해 논의한 적이 있다. 기본적인 가이드를 먼저 작성한 후 함께 논의, 공감할 수 있는 선에서 최종안을 공유할 수 있어야 한다. (스토리보드 없이 기획하는 방향에 대해 이야기하던 중 생각난 것들)

▼ 2023.06 셋째 주

- 정보 변경 등 수정사항이 필요한 경우에는 어떤 내용은 어디에서 변경할 수 있는지에 대한 내용을 모두 포함할 수 있어야 한다. 예를 들어 도메인에 따른 네임서버 변경 건이라면, 도메인 구매한 곳에서 어떻게 변경하는지에 대한 내용이 담긴 FAQ문서 링크 등! 받는 사람이 최대한 쉽게 이해할 수 있되 곧바로 적용할 수 있는 구체적인 정보 포함하는 것 잊지 않기!!

- 생각한 것을 빠르게 실행해야 하는 이유는 '집중'과 '몰입'과도 밀접하게 맞닿아 있다. 지써갑 글에 포함된 서비스를 중심으로 '톰박스'를 만들어야겠다고 생각한 건 꽤 오래되었는데, 어떻게든 해보자- 라는 생각으로 노션을 통해 일주일만에 초기 버전을 완성했다. 기존과 다른 집중력과 몰입을 경험할 수 있었던 시간. 이렇게 해봐야지- 하고 생각을 멈추면 그 순간으로 다시 돌아가 처음부터 시작해야 하지만, 더 구체적인 상황으로 빠르게 연결될 수 있다면 꽤 높은 수준의 집중력을 발휘 할 수 있다는 사실을 다시 한 번 깨닫게 된 과정이었다.

▶ 2023.06 둘째 주

▶ 2023.05 셋째 주

▶ 2023.03 첫째 주

2
리뷰 노트

보통 신규로 런칭되는 앱이나 서비스(세간에 이목을 끄는 거라면 더더욱) 그리고 내가 담당하는 서비스와 유사하거나 참고할만한 앱 등을 리뷰한다. 개인적으로는 앱 리뷰 등을 모아 뉴스레터로 발행하기도 한다.

정리할 때는 서비스 이름과 버전 그리고 기능 이름, OS 등을 태그로 달아둔다. 그럼 회원가입 기능을 개선해야 할 일이 있을 때, 해당 태그를 달았던 사례와 자료만 모아볼 수 있어 최신 사례나 타사 사례 등을 좀 더 빨리 확인할 수 있다.

아래 사진 중 첫 번째는 특정 기능을 잘 구현한 서비스 사례를 뉴스레터로 발행한 뒤 모아볼 수 있게 정리한 노트이다. 두 번째 사진은 회원가입이나 로그인 등 특정 기능에 대해 직접 쓴 글과 참고 자료를 정리한 노트이다.

✔ 서비스와 기능 단위로 뉴스레터 살펴보기 …

↓ 발행일 ∨ | ☰ 서비스 ∨ | ↗ 기능 ∨ | + Add filter

Aa 제목	↗ 기능	☰ 서비스
검색 결과가 없는 상황 속 고려해야 할 내용!	Q 검색	
효율적인 플레이스 홀더 활용 방법 살펴보기!	☑ 플레이스홀더 ✏ UX라이팅 Q 검색	스카이스캐너 호텔스닷컴 호텔투나잇 캠핏 리얼그라운드 인터파크투어 에어비앤비 트리플 야놀자 멜리즈 캐치패션 카멜 이베이 qoo10 화해 29cm 무신사 틱톡 네이버지도 오늘의집 당근마켓 케이카 챌린저스 블라인드
서비스가 최근 본 상품을 제공하는 위치와 방법 살펴보기!	☰ 최근본상품	오늘의집 네이버쇼핑 카카오메이커스 지마켓 SSG새벽배송 멜리즈 위메프 코오롱몰 W컨셉 신세계라이브쇼핑 올리브영 하고 제철밥상 쿠팡 라운즈 아마존
5개 금융 서비스 포인트 살펴보기!	🏧 포인트	카카오페이 네이버페이 토스 페이북 페이코
다양한 상황 속, 사용자 행동 유도 방법 살펴보기	🔆 행동유도	꾸까 데일리호텔 링크드인 교보문고 Quora 숨고 토스 듀오링고 현대카: 롯데카드 블라인드 케이뱅크 잼페이스
분야별 서비스는 카테고리 화면을 어떻게 활용할까?	🏧 카테고리	아이디어스 솜씨당 클래스101 탈잉 클래스유 유데미 트리플 마이리얼트립 프립 트립닷컴 클룩 29cm 무신사 11번가 펫프렌즈 라쿠텐 배달의민족 요기요 배달특급 쿠팡이츠 땡겨요 쿠팡플레이 티빙 웨이브
핵심 기능으로 살펴보는 중고거래 서비스!	Q 검색 ⊚ 필터 ☰ 리스트	첫차 sk엔카 위버스 Fruitsfamily baza 번개장터 헬로마켓
플랫폼 비즈니스를 위한 카드/금융사의 노력!		우리WON카드 우리WON뱅킹 신한play 신한쏠 현대카드
구독 해지 화면과 과정 살펴보기!	📺 구독	유튜브 라프텔 원티드 퍼블리 롱블랙 쿠팡 네이버 지마켓 멜론 스포티 애플뮤직
4개의 여행 서비스가 해결하고자 하는 문제	Q 검색 ☰ 리스트 ▦ 상세화면	여다 트래블월렛 리브애니웨어 제주지니
서비스가 배지 기능을 활용하는 방법!	● 배지	나이키런클럽 세븐 챌린저스 당근마켓 퍼블리 프립 유캔두 카카오T
등급 제도를 '잘' 운영하기 위해 필요한 것!	⯅ 등급	여기어때 야고다 부킹닷컴 트리플 인터파크투어 kkday 요기요 배달의민 해피포인트 마켓컬리 듀오링고 Cake 알랙보카

직접 작성한 회원가입/로그인 화면 사례 정리 ⋯

Aa 글 제목	☰ Tags	∅ 링크	☰ 간단 설명
🗞 회원가입 완료 화면 구성 방법!	회원가입	https://maily.so/tipster/posts/6588f2	회원가입 완료 화면에 대한 내용
✏️가입/로그인화면, 어떻게 구성하면 좋을까?	회원가입 로그인	https://maily.so/tipster/posts/8e7380	회원가입 및 로그인 화면에 대한
플레이오는 왜 아바타의 성향을 함께 보여줄까?	회원가입	http://icunow.co.kr/mobileapps62	아바타 프로필 뿐만아니라 성향을
요기요는 왜 회원가입/로그인 화면을 개선 했을까?	회원가입 로그인	http://icunow.co.kr/mobileapps61/	회원가입, 로그인 화면을 개별 제
청소년구소 회원가입 과정에서의 불편함	회원가입	http://icunow.co.kr/mobileapps60	이미 입력된 텍스트를 직접 삭제하
티빙은 왜 로그인 화면을 개선 했을까?	로그인	http://icunow.co.kr/mobileapps58	선택, 활용 가능한 소셜 계정을 한
카카오 음이 가입 과정 내 안내 문구를 활용하는 방법	회원가입	http://icunow.co.kr/mobileapps55	단계별 입력 정보에 대한 안내가
미니스탁은 인증 시 입력항목을 왜 하나씩 보여줄까?	회원가입	http://icunow.co.kr/mobileapps46	단계별 입력 정보를 하나씩 제공하
Flex가 비밀번호 입력에 대한 안내를 제공하는 방법	로그인	http://icunow.co.kr/mobileapps41/	로그인 과정에서 비밀번호 입력 ?
미니앱의 디테일한 기획 뜯어보기!	회원가입	http://icunow.co.kr/mobileapps27	회원가입 과정에서의 유효성 검사
오르락 가입 과정에서 경험한 디테일	회원가입	http://icunow.co.kr/mobileapps51	가입 과정에서 겪을 수 있는 문제:
키노라이츠가 회원가입을 유도하는 방법	회원가입	http://icunow.co.kr/mobileapps34/	동일한 내용 반복없이 기능을 학습
시그널이 신규 사용자를 대하는 방법 그리고 디테일	회원가입	http://icunow.co.kr/mobileapps34/	최초 설치 후 가입부터 친구를 찾
모두싸인이 회원가입을 유도하는 방법	회원가입	http://icunow.co.kr/mobileapps35	필요한 기능을 모두 확인, 선택한
피클플러스가 회원가입을 유도하는 방법	회원가입	http://icunow.co.kr/mobileapps33	필요한 기능을 모두 확인, 선택한
Calendly가 회원가입을 유도하는 방법	회원가입	http://icunow.co.kr/mobileapps31	필요한 기능을 모두 확인, 선택한
이벤터스의 자연스런 회원가입 유도 방법	회원가입	http://icunow.co.kr/mobileapps29	필요한 기능을 모두 확인, 선택한
Octopus.do의 사례 : 일단, 써보게 하기!	회원가입	http://icunow.co.kr/mobileapps14	필요한 기능을 모두 확인, 선택한
회원가입을 해야 하는 이유를 알려줘! – 센텐스	회원가입	http://icunow.co.kr/mobileapps28	각 탭이 어떤 역할과 성격을 지녔
코끼리 명상앱은 왜 배경음악을 적극적으로 활용할까?	회원가입 로그인	http://icunow.co.kr/mobileapps27	명상 서비스가 회원가입 / 로그인
Qoo10은 왜 이메일을 수정 할 수 있는 기회를 줄까?	회원가입	http://icunow.co.kr/mobileapps25	회원가입 과정에서 입력한 이메일
채널톡은 왜 회원가입 화면을 스플릿 UI 형태로 만들었을까?	회원가입	http://icunow.co.kr/mobileapps19	회원가입 화면을 스플릿UI로 반영
소셜 로그인, 기획으로 조금 더 쉽게 풀어낼 수 있는 방법은 없을까?	로그인	http://icunow.co.kr/social-login/	다양한 사례를 통해 4가지로 압축
카테고리 별 주요 서비스들은 로그인, 회원가입을 어떻게 활용하고 있을까?	회원가입 로그인	http://icunow.co.kr/sign-up-in	맛집, 배달, 숙소, 요리, 이동수단,

+ New

COUNT 24

3

팀 기획 노트

여러 사람이 같이 보는 공용 문서라는 것을 꼭 기억하자. 먼저 노트를 어떻게 활용할 것인지 기준(개요)을 정하고, 이를 공유한 뒤 팀원들의 의견을 청취한 뒤 내용을 구성하는 것이 좋다.

나는 팀 기획 노트에 주요 문서(팀 운영과 관련된 여러 가지 문서) 링크를 가장 먼저 정리한다. 그래서 기획 업무를 할 때 항상 여기서 모든 것을 시작한다는 관점으로 노트를 활용한다.

프로젝트 관리 툴을 쓰지만, 현재 진행 중이거나 진행 예정인 프로젝트 관련해서도 각각의 스펙 노트를 링크로 걸어두고 수시로 열람하며 원래 의도와 개발 방향 등을 잊지 않으려 한다.

또 아직 프로젝트로 넘어가지는 않았지만 새롭게 추가되었으면 하는 각종 아이디어 그리고 팀 업무에 도움이 될만한 각종 참고 자료 등도 함께 메모해 둔다.

캡처 화면은 우리 팀의 기획 노트인데, 한 화면을 두 개로 잘라서 예시했다.

팀 기획 노트

💡 무엇을 하는 공간인가요?

- 팀 주요 문서를 쉽게 확인하고 이동할 수 있는 역할
- 우리와 연관이 깊은 서비스 사례와 아이디어를 정리하고 생각 공유
- 업무에 도움이 되는 주요 내용을 소개하고 정리
- 공유하고 싶은 내용을 정리, 추후 서비스 개선 시에 참고 자료로 사용

팀 관리 주요 문서

- 문서 A 링크
- 문서 B 링크

:: 진행 중 프로젝트

| 배포 전까지는 이곳에 포함

- A 기능 스펙 문서 링크
- B 기능 스펙 문서 링크

진행 예정 프로젝트

| 기획과 디자인이 필요한 기준

- C 기능 스펙 문서 링크 (작성 중)
- D 기능 스펙 문서 링크 (작성 전)

기능 및 서비스 관련 아이디어

⊞ Table
___

-

Aa 아이디어	☰ 연관기능	👥 작성자	🗓 작성일	☼ 상태
사전 예약을 원하는 상품 요청	사전 예약	🙂 SungKyu Han	2023/05/17	● 배포완료
오픈 일주일 뒤, 추가 구매 링크 발송	문자 발송	🙂 SungKyu Han	2023/06/09	● 진행중
사전 예약 종료 후, 앵콜 요청	사전 예약	🙂 SungKyu Han	2023/04/04	● 대기

+ New

기능 및 서비스 참고 자료

⊞ Table
___

-

Aa 서비스 및 소개	☰ 연관기능	👥 작성자	🗓 작성일	+ ⋯
상품 응모 시 정보 수집 폼 사례	사전 예약	🙂 SungKyu Han	2023/05/17	
모집 마감 후 앵콜 요청 기능 사례	사전 예약	🙂 SungKyu Han	2023/06/09	
문자 내용 구성 사례	문자 발송	🙂 SungKyu Han	2023/04/04	

+ New

업무 관련 자료

⊞ Table
___

-

Aa 제목	🔗 링크	👥 작성자	+ ⋯
에어비앤비가 새로운 기능을 도입하는 방법	https://tearthemdown.medium	🙂 SungKyu Han	
지표 선정 자리에서 해야하는 5가지 질문들	https://careerly.co.kr/commen	🙂 SungKyu Han	
PSF 방법론 : 가설 검증 계획 수립	https://acquiredentrepreneur.t	🙂 SungKyu Han	

+ New

4
스펙 노트

개발 목표, 주요 기능, 개발 범위, 담당 인원 등이 담긴 일종의 개발 가이드 문서다. 프로젝트가 필요한 이유부터 우리가 이를 통해 무엇을 얻을 수 있는지 등을 정리한다.

순서를 요약해보면 맨 먼저, 우리가 해결하고 싶은 문제를 작성한다. 이어서 문제 해결을 통해 우리가 달성하고자 하는 목표를 쓴다. 다음으로 이번 프로젝트에 포함되지 않는 사항을 정리한다. 이는 개발 범위를 결정하고 일정 산정을 명확히 하기 위해서다. 그다음 명확한 커뮤니케이션을 위해 용어 정의를 하고 일정과 담당자를 정한다. 그런 다음, 핵심 기능 위주로 개발 내용을 정리하고 이를 개발자를 비롯한 주요 담당자들과 함께 리뷰한다. 마지막으로 최종 개발 스펙을 확정한다.

캡처 화면은 스펙 노트(문서) 한 화면을 두 개로 나눠 실었다.

스펙문서(PRD, 정책 등) : 프로젝트명

↙ 1개의 백링크

개요

✎ 어떤 프로젝트에 대한 내용인지 간략하게 작성

변경사항

작성자	작성일	변경사항

프로젝트 목적 (해결하고자 하는 문제)

우리는 어떤 문제와 배경을, 어떻게 해결하기 위해 이 프로젝트를 진행하는지?

목표 및 성공 지표

이 프로젝트를 성공했다고 판단할 수 있는 지표는 무엇인지?
지표를 어떻게 확인할 수 있는지? + 가설도 함께 작성

포함(논의)하지 않을 내용

> 이번 프로젝트 진행 과정에서 포함하지 않을 내용 정리 (논의에서 제외)

용어

> 이름/표현 관점에서 고객들이 어떻게 인지하게 할 것인지? 마케팅에서 어떻게 활용해야 하는지?

개발 일정 및 배포일

> 주요 업무에 따른 담당자와 대략적인 일정, 아사나 링크 정리

주요 업무	담당자	일정

핵심 기능 및 요구사항

> 우선순위에 따른 기능과 필요한 스펙 정리 → 작성 후, 리뷰 과정에서 최초 스펙 결정
> 사용자가 바라는 것과 운영 관점에서 바라는 것 위주로 작성

사용자 시나리오

> 사용자는 이 기능을 어떤 맥락에서, 어떻게 사용할 수 있는지? 유저 플로우 관점에서 작성

상세 정책

> 결정된 핵심 기능에 따라 정책 작성

5
운영 매뉴얼

운영 매뉴얼의 목적은 새로 개발된 앱/서비스의 운영을 좀 더 원활히 하기 위함이다. 어디에 무슨 기능이 있고, 이를 관리하는 방법 등은 이렇다, 등의 안내를 포함한다. 기획 문서나 개발 가이드 등을 공유했음에도 관련 부서(마케팅, 운영, 영업 팀 등)에서 속속들이 세부 기능이나 내용을 등을 모를 수 있다. 이들을 위한 운영 매뉴얼이라고 보면 된다. 이 매뉴얼은 바뀌는 정책이나 일부 업데이트 되는 기능 등의 내용을 계속해서 반영해주는 것이 필수다.

운영 매뉴얼의 내용이 어느 정도 정리가 끝나면, 이중 가장 빈도가 높은 질문만 뽑아 자주 묻는 질문(FAQ)을 추가로 작성한다.

운영 매뉴얼

💡 운영 매뉴얼의 목적은 누구나 문서를 통해 상황에 따라 빠른 대응을 진행하기 위함
최초 버전에 따라 운영 업무를 진행하며, 꾸준히 업데이트 하는 과정이 필요

1. 주요 기능 소개

- 특정 상품에 대한 사전 예약 및 문자 수신

2. 운영 업무의 종류

> 상세 업무 방법 및 바로가기는 주요 내용 '링크' 참고

업무	주요 내용
사전 예약을 위한 캠페인 생성	관리자를 통해 사전 예약 캠페인 정보 입력 후 등록 (링크)
사전 예약 캠페인 일정 캘린더 등록	사전 예약 캠페인 생성 시, 공용 캘린더에 일정 등록 (링크)
고객 문의에 대한 대응	CS 채널에 따라 등록된 고객 문의 답변 등의 대응

3. 주요 CS 채널

> 문의는 모두 슬랙 '고객 문의' 채널에 등록됨

- 구글 플레이 스토어 리뷰
- 애플 앱스토어 리뷰
- 이메일을 통해 등록된 내용
- 서비스 내 1:1 문의 기능을 통해 등록된 내용

4. 자주 묻는 질문

질문	답변
사전 예약 신청을 했는데, 문자를 받지 못했어요.	
사전 예약 신청을 했는데, 언제 구매할 수 있나요?	
예약이 마감된 상품에 대한 사전예약이 가능한가요?	
문자로 받은 쿠폰을 어떻게 사용할 수 있나요?	

5. 문의 확인 및 처리 방법

> 업데이트 예정 기능 살펴보기 (링크)

문의 내용	답변 방법
이미 반영된 기능의 경우	
아직 반영되지 않은 기능의 경우	

6
기능 가이드

새로 업데이트되는 추가 기능에 대해 담당자(혹은 부서)별로 이를 어떻게 해석하고 이용해야 하는지 등을 안내하는 문서다. 운영 매뉴얼이 운영과 관련해서 작성하는 거라면, 기능 가이드는 새로 업데이트된 사항에 초점을 맞춰 정리한다.

기능 추가가 어디에 되었는지, 해당 기능을 어디에서 확인할 수 있는지 그리고 새롭게 이 기능을 사용자에게는 어떻게 고지할 것인지 등을 포함한다.

기능 가이드는 기본적으로 개요, 배포 계획, 기능 안내, 기능 FAQ, 담당자, 참고의 순서로 정리한다.

기능 가이드

개요

기능 이름	특정 콘텐츠를 원하는 구분에 따라 저장할 수 있는 컬렉션 기능
배포일	2023.02.22 14:00
기능 설명	리스트와 상세화면에서 북마크 버튼을 통해 특정 콘텐츠를 컬렉션에 담을 수 있음

배포 계획

OS	안드로이드, iOS 모두
배포 방법	20% 기준 점진적 배포
모니터링 방법	장애 탐지 및 에러 확인, 사용자 문의 확인, 실제 기능 사용 등 진행
롤백 기준	DAU 기준 1% 이상이 장애를 겪는다고 판단될 경우 롤백

활용 방안

마케팅	사용자가 생성한 컬렉션을 조건에 따라 선정 후 홈 화면에 노출
	공유 URL을 활용해 소셜 채널에 소개하는 것도 함께 진행
	컬렉션 생성과 관련된 배지를 추가해 일정 개수 이상 등록 시 부여

기능 안내

- 컬렉션 기능은 리스트와 콘텐츠 상세 화면에 북마크 기능으로 사용 가능
  - 컬렉션 기능은 로그인 또는 회원가입 후 사용 가능
  - 로그인 상태라면, 북마크 버튼 클릭 시 컬렉션 확인이 가능한 팝업을 확인할 수 있음
- 생성한 컬렉션은 마이페이지를 통해 확인 가능
- 사용자에게 신규 기능을 안내하는 방법 (서비스 내)
  - 콘텐츠 상세화면 진입 시, 북마크 기능을 강조하고 간략한 설명 제공
  - 북마크 버튼 클릭 시 팝업에서도 컬렉션 생성과 컬렉션에 담는 방법 안내
  - 공지사항에 신규 기능 안내 내용 작성 후 푸시 발송

기능 관련 자주묻는질문

- (질문) 컬렉션 기능은 어디에서 사용할 수 있나요?
  - 컬렉션 기능은 콘텐츠 리스트와 상세화면 내 '북마크' 버튼을 통해 사용할 수 있습니다.
- (질문) 생성한 컬렉션과 컬렉션에 담은 콘텐츠는 어디서 확인할 수 있나요?
  - 마이페이지 - 컬렉션 메뉴를 통해 확인할 수 있습니다.
- (질문) 원하지 않는 콘텐츠를 컬렉션에 담았어요. 삭제할 수 있나요?
  - 컬렉션에 담긴 콘텐츠는 전체 또는 하나씩 삭제할 수 있습니다.
- (질문) 생성한 컬렉션을 외부에 공유할 수 있나요?
  - 컬렉션 화면 오른쪽 위 공유하기 버튼을 클릭해 공유할 수 있습니다.

담당자

PM	매니저 H
디자인	디자이너 S
서버	개발자 B
안드로이드 및 iOS	개발자 C
CX 매니저	매니저 J

7
백로그

백로그 작성시 가장 중요한 점은 단순히 투두리스트 정도로 생각해서는 안 된다는 것이다. 앞으로 개발해야 할 내용, 제품에서 새롭게 요구하는 기능 등을 미리 점검하고 우선순위를 정하는 것으로 생각해야 한다.

개인적으로는 1)해결하려는 문제는 무엇인가?(우리가 이 일을 해야 하는 이유) 2)누구를 위해 이 문제를 해결하려 하는가?(누구에게 어떤 접근이 필요할까) 3)우리가 바라는 결과는 무엇인가?(성공을 검증하는 기준은 무엇인가) 이렇게 세 가지 기준으로 백로그를 작성한다.

캡처 화면은 회원 대상의 뉴스레터 발행에 대한 백로그 노트이다.

멤버십 뉴스레터 백로그

💡 멤버십 뉴스레터 운영에서 가장 중요한 목표 두 가지
(1) 신규 구독자를 포함한 활성 멤버십 늘리기
(2) 구독 해지 낮추기

⊞ Table

멤버십 뉴스레터 백로그 관리

↑ 우선순위 ⌄

Aa 이슈	⊙ 진행 상태	⊙ 우선순위	⊙ 투입 리소스	≔ 구분	⊙ 타입	+ ⋯
서비스 담당자에게 직접 코멘트 받기	진행중	⚡P1	중간	뉴스레터 본문	내부 의견	
네이버 프리미엄 콘텐츠 입점 및 운영	진행중	⚡P1	낮음	활성 멤버십 증가	외부 제안	
다음 지식 토스트 입점 및 운영	진행완료	⚡P1	낮음	활성 멤버십 증가	외부 제안	
멤버십 현황 확인을 위한 데이터 관리	진행중	⚡P1	중간	활성 멤버십 증가	내부 의견	
멤버십 구독자를 위한 커뮤니티 론칭	대기	P2	높음	커뮤니티	구독자 피드백	
멤버십 뉴스레터 소개 문구 변경	진행완료	P3	낮음	활성 멤버십 증가	내부 의견	

+ New

백로그 작성 시 고려사항

▎아래 세 가지 질문에 대한 답을 기준으로 작성

- (1) 우리가 해결하려는 문제는 무엇인가(우리가 이 일을 해야하는 이유)
- (2) 우리는 누구를 위해 이 문제를 해결하려 하는가(누구에게, 어떤 접근이 필요할까)
- (3) 우리가 원하고 바라는 결과는 무엇인가(성공, 검증 기준은 무엇인가)

8

회고 노트

회고 노트 작성법에도 여러 가지가 있는데, 개인적으로는 KPT 방법을 활용하고 있다(본문에서는 기획자 초기에 썼던 다른 방법론을 소개했다).

KPT는 Keep(좋았던 부분, 계속해서 유지되었으면 하는 부분), Problem(잘 안 되었던 부분, 문제라고 생각하는 부분), Try(문제를 해결하기 위해 실행해 봤으면 하는 부분)를 항목으로 갖고 있는 방법론이다.

팀 회고의 경우에는 팀마다 페이지를 만든 다음, 각자 작성한 내용을 한곳에 모으는 방식으로 운영한다. 서로의 내용을 참고하지 않고, 온전히 자신 의견을 작성할 수 있도록 한 다음, 하나로 모으는 방식을 쓰고 있다.

마지막으로 Action이라고 해서 회고에서 나온 내용 중 실제 행동으로 옮겨야 할 것들을 다시 기록한다.

KPT - 회고

🗓 진행일   June 2, 2023

⊙ 관리자   에디터A

+ Add a property

💬 Add a comment..

⌄ 1 backlink

👥 참석한 사람
- 에디터A
- 에디터B

🚩 Project
뉴스레터

👑 KPT 설명 및 진행 방법

🔲 Gallery View

😊 Keep

구독자 확보를 위한 SNS 활동	신규 콘텐츠 제작 및 발행
서비스 담당자 코멘트 활용	+ New

🔲 Gallery View

😟 Problem

구독자, 멤버십 추이 등 데이터 관리	온라인 커뮤니케이션과 협업의 어려움
개선안을 제대로 적용하지 못함	+ New

🔲 Gallery View

😎 Try

통합 아이디어 문서 제작 및 정기 미팅	데이터를 함께 보고 해석할 시간 활용
+ New	

🔲 Gallery View

👍 Actions

월 1회, 개선안 및 아이디어 구체화 및 적용	오프라인 정기 미팅 진행하기
+ New	

😀 Feedback
- 지난 회고에서 나왔던 내용이 이번에 반복된 점이 아쉽다.
- 다음 회고 때까지 이번 회고에 나온 실행 방안을 추적할 수 있는 방법이 있었으면 좋겠다.

9
피드백 노트

먼저 피드백 절차를 간단히 살펴보자. 가장 먼저, 피드백이 필요한 내용인지부터 판단한다. 피드백으로 받기로 했다면, 피드백이 필요한 이유와 누구에게 받을 것인지 등을 정한다. 그런 다음, 피드백 요청 내용을 질문 형태로 작성한다. 이후 피드백이 완료되었으면 피드백 내용을 살피고, 이에 따른 내 생각을 다시 메모한다.

피드백 노트에는 피드백 받은 내용을 몇 가지(상황별, 유형별 등) 기준으로 분류하고, 내 생각을 기록해둔다. 그런 다음 수시로 꺼내보고 계속해서 리마인드 한다.

피드백 관리 문서

상황

 우리는 12개월 기준, 1년치 사용료를 미리 결제 받는 구독 서비스. 중간 해지 시 남은 기간에 따른 위약금과 서비스 중단 시점에 대한 상황 별 정책 필요. (월 사용 기간은 전월 23일부터 다음달 22일로 결정된 상황)

요청 대상

구독 서비스를 담당하는 학교 선배 A

- 우리와 유사한 구독 모델을 보유하고 있음
- 구독 모델과 정책 설계 초기 단계부터 참여
- 내 상황을 가장 잘 이해하고 구체적 피드백 가능
- 평소 구독 서비스에 대한 이야기를 자주 나눔
- 지난 피드백 시 가장 꼼꼼하고 유용한 내용 전달

요청 내용

가능한 질문으로 요청사항 입력하기

- 1년 사용 금액 결제 후 중간 구독 해지 시, 남은 기간에 서비스 정책에 따라 위약금을 계산, 청구하는 방법은?
- 구독 해지와 동시에 위약금의 개념으로 서비스 이용을 바로 중단시키는 방법은?
- 구독 서비스를 기획, 운영하며 구독 해지에 대한 위약금 정책 등 참고할만한 내용은?

생각 더하기

추가로 사용 가능한 기능을 할인해주는 방법 좋은 듯!

- (2021.07.30) 할인된 금액으로 월 단위 자동 결제가 이뤄지는 방법은 고려하지 않았던 상황. 유사 사례를 다시 한 번 확인한 뒤 우리에게 적용할 수 있는지 정리할 예정. 다음주 수요일 정기 미팅에서 리뷰 예정

피드백 내용

2021.07.30 피드백 전달 받음

- 최근에는 많은 구독 서비스가 연간 결제를 일시불로 청구하는 방법 대신, 할인된 금액으로 월 단위 자동 결제하는 방법 활용. 월간 구독 플랜 대비 당장의 혜택을 확인할 수 있기 때문. 결제 방법을 바꿔보는 건 어떨지?

- 위약금의 경우, 우리는 할인금액에 사용 개월을 곱해 기준 금액을 설정한 다음 X1 만큼의 금액을 더해 최종 청구. 이 정책에 대해 많은 논의가 있었는데, 추가 금액이 구독 해지를 다시 한 번 생각하게 할 수 있는 장치가 될 수 있다는 결론. 다만, 아직 변경 후 사용자 피드백, 데이터 등을 확인하지 않아서 검증은 필요한 상황

- 위약금은 자주 접할 수 있는 단어로서, 서비스를 이용하는 사용자 입장에서는 '부정적'의미를 갖기에 연간 플랜 등을 선택했을 때 추가로 얻을 수 있는 혜택을 먼저 보여주는 방법이 좋음. 예를 들어 연간 플랜으로 10개월째 사용중이라면 해지 시 위약금이 청구된다는 안내 대신 2개월을 더 사용하면 추가 할인을 받을 수 있다는 등

관련 문서

- 구독 서비스 사례 분석 문서 : 구독 모델 기준
- 구독 정책 관련 기능 정의 문서
- 개인정보 취급방침 문서 (위약금 관련 내용 확인 필요)

참고 내용

- (2021.06.30) 위약금 관련 정책 문서
- (2021.07.10) 구독, 구독해지 정책 문서

차 례

프롤로그   4

9개의 노트   8

1부. 기록과 정리 그리고 회고

1   시간 관리 – 일의 순서를 통제하는 법   38

2   배움 노트 – 배움을 구체화하는 법   46

3   데이터 분석 – 기획자의 데이터 분석 루틴   54

4   인터뷰와 대화 – 기획자로서 신뢰를 얻는 소통법   64

5   업무 리스트 – 필요한 일을 주도적으로 찾는 법   70

6   스펙 노트 – 프로젝트 시작을 잘하는 법   76

7   운영 매뉴얼 – 나 없이도 서비스가 돌아가는 법   84

8   기능 가이드 – 서비스 기능 변경이나 업데이트를 잘하는 법   90

9   변수 통제 – 실수를 줄이는 법   98

10 공유 – 해야 할 일을 정하고, 정보와 지식을 관리하는 법　　104

11 회고 노트 – 더 나아짐에 목표를 둔 회고　　112

12 제안서 – 제안서 작성이 쉬워지는 법　　118

13 커뮤니케이션 – 혼란을 초래하지 않는 커뮤니케이션　　126

2부. 기획자의 성장 도구

14 사이드 프로젝트 – 성장의 갈증을 없애는 방법　　140

15 리뷰 노트 – 유사/경쟁 서비스 분석 방법　　150

16 동기부여 – 슬럼프와 번아웃을 이겨내는 법　　156

17 글쓰기 – 글쓰기를 꾸준히 하는 법　　164

18 피드백 노트 – 피드백을 잘 활용하는 법　　174

19 거절 – 기분 나쁘지 않게 거절하는 법　　180

20 질문 – 좋은 질문을 하는 법　　188

에필로그　　196

1부

기록과 정리 그리고 회고

1
시간 관리

일의 순서를 통제하는 법

할 일을 구분하고 구체적인 시간 할당까지

미리 해두는 이유는?

누군가 내게 가장 인상 깊었던 '처음'에 대해 물어본다면, 나는 스물다섯 살 때의 창업이 가장 먼저 떠오른다. 나는 창업에 나서기 전 홍보 대행사에서 6개월 동안 인턴 생활을 했다. 마케팅 전략을 만들고, 온오프 행사를 기획하고, 클라이언트와 관련된 뉴스 기사 작성과 SNS 콘텐츠 제작을 했다. 일은 재미있었고 배울 것도 많았다. 하지만 매일같이 이어지는 야근은 시간이 지나도 쉽게 적응하기가 어려웠다. 아침부터 밤늦게까지 사무실에 머물고 점심시간까지 쪼개 가며 회의하며 일했다. 그러다 보니 인스턴트 음식 섭취는 점점 많아지고, 운동량은 부족했다.

그렇게 사회생활이라는 것을 경험하고 6개월 인턴 생활이 끝나갈 즈음 선택을 해야 할 시간이 다가왔다. 정규직으로 전환 후 계속 일을 하는 것과 학교로 돌아가 창업 준비를 하는 것, 두 가지 선택지가 있었다. 나는 과감히 창업을 선택했다. 짧지만 치열한 인턴 생활을 하며 많은 것을 배우고 경험했기에 창업 준비는 그리 낯설지 않았다. '집단 지성을 활용한 아이디어 구체화 플랫폼'을 아이템으로 선정하고, 공동 창업자로 학교 동기 친구를 영입하고 사업 계획서를 작성하기 시작했다. 사업 기획안이라면 학교에서도 대행사에서도 쉼 없이 작성했기 때문에 그렇게 어렵게 생각되지는 않았다. 그리고 운이 좋게도 계획서만으로 수원시에서 제공하는 창업 지원 센터에 입주할 수 있었다. 이제 겨우 창업 아이디어를 문서로 만든 것에 불과했지만, 창업센터 입주 선물을 받고 나니 진짜로 일이 되는 것 같았다. 그렇게 다음을 생각하며 희망을 키웠다.

몇 개월의 준비 끝에 2013년 여름, 경기도에서 진행한 G 창업 경진 대회에 참여, 본선에 진출했다. 잘만 하면, 초기 투자는 물론이고 더 크고 좋은 사무실까지 얻을 수 있는 기회였다. 기대가 클 수밖에 없었다. 하지만 기대가 무너지기까지는 그리 오랜 시간이 걸리지 않았다. 심사위원들은 사업 계획을 듣고는 지나치게 이상적이며 실현 가능성이 낮다고 냉정한 평가를 했다. 아직은 종이 위의 설익은 개념만 있는 사업이었다.

창업 경진 대회에서 실패하게 되자 온갖 생각이 스쳐 지나갔다. 친구들은 영어 공부, 이력서 작성, 면접 등을 준비하며 취업에 나서고 있는데, 나는 언제 어떻게 구현될지도 모르는 종이 몇 장뿐인 창업 아이템만 만지고 있을 뿐이니 뒤처져도 한참이나 뒤처졌다는 생각이 들었다. 미래가 불안했다.

다시 한번, 그러나 빠르게

"3개월간 준비했는데, 아직 프로토타입(시제품)도 없어요?" 라고 묻던 심사위원의 말이 귓가를 떠나지 않았다. 각종 기획서, 제안서 작성 경험이 많다 보니 문서 작성에만 매달린 것이 오히려 화근이었다. 제안서를 넘어서는 생각이나 행동의 변화가 없다면 어떤 좋은 아이디어가 있어도 창업이라는 걸 해낼 수 없겠구나 하는 생각이 들었다. 기존에 생각하던 아이템은 접고 최대한 빠르게 테스트해볼 수 있는 다른 아이템을 고민하기 시작했다. 그때 생각해낸 것이 홍보대행사 시절, 이런 게 있었으면 했던 '건강한 간식과 차'였다(당시 불규칙한 식사 등으로 잦은 위염에 시달리던 나는 패스트푸트나 인스턴트 음식 대신 건강식이 필요했다). 이를 정기 서비스 형태로(일종의 구독 모델) 제공할 수 있다면 나처럼 생각하는 수요자가 많겠다는 생각이 들었다.

아이템이 정해지자 본격적으로 사업을 구상하기 시작했다. 개발은 외주로 진행하고 디자이너와 마케터는 공고를 통해 채용했다. 인턴으로 일하면서 모은 돈을 초기 창업 투자금으로 넣었다. 그렇지만 누군가를 뽑고 함께 일한다는 것은 생각하지 못한 변수의 연속이었다. 채용한 디자이너가 문자 한 통 달랑 남기고 일을 그만두는가 하면, 외주로 개발한 웹사이트는 버그 없는 화면을 찾는 게 더 쉬울 정도로 엉망이었다. 이곳저곳에서 터지는 일들을 통제하려다 보니 오늘 할 일이 점심시간이 오기도 전에 두 배로 늘어나는 일이 비일비재 했다.

일정은 점점 통제하기가 어려웠고, 업무 효율성은 점점 낮아졌다. 나는 물론이고 같이 일하는 팀원들도 정신적으로 많이 지쳐갔다. 저녁이면 술 한잔하고서 버겁다는 말을 계속 내뱉었다. 지금 생각해도 아찔한 상황의 연속이었다. 그게 창업이고 스타트업에서는 흔히 겪는 일이라는 걸 알게 되기까지 꽤 많은 시간이 필요했다.

효율적인 시간 관리를 위한 노력

일의 순서를 통제하지 못하면 시간에 계속 끌려다니겠다는 위기감이 들었다. 더는 이렇게 일 할 수 없었다. 시간 관리와 일정 관리 관련 글을 검색해서 읽기 시작했다. 그리고 닥치는 대로 노트에 옮겨 적었다. 인턴 시절 상사에게도 조언을 구했다.

그렇게 찾은 방법론 중 하나가 'Time Block'이었다. 우리가 언제까지 무엇을 해야 하는지 모두 적고, 그런 다음 업무의 우선순위를 파악하는 방법이었다. 이렇게 하면 동료와의 업무 배분도 효율적으로 진행되고 예정된 일 사이에 끼어드는 새로운 일도 여유롭게 받을 수 있을 것 같았다.

우리는 퇴근하기 전 내일 해야 할 일과 예상되는 소요 시간 등을 공용 화이트 보드에 적기 시작했다. "서비스 제안서 작성: 오전 10시부터 12시까지". 단순히 할 일을 적어둔다고 해서 정해진 시간 안에 일이 마무리된다는 보장이 없다는 것을 알기에 일마다 허용되는 시간을 적기 시작했다. 그리고 다음날 출근해서 맨 앞 첫 번째 칸에 입력된 업무부터 처리하기 시작했다. 하지만 언제나 그렇듯 계획한 대로 딱딱 되지는 않았다. 전화 한 통화 그리고 이메일 하나로도 계획은 쉽게 흐트러졌다. 그러지 않으려면 몇 가지 기준이 추가로 필요했다. 1)업무와 업무, 즉 시간과 시간 사이에 10~15분 정도의 여유 두기 2)다른 업무가 끼어들 때, 우선순위 다시 정하기 3)하나씩 뒤로 미루는 것보다 빠지게 된 업무만 다른 시간대를 찾아 넣기 등.

어제 퇴근하면서 작성한 오늘 업무가 먼저일까? 아니면 오늘 급하게(혹은 급한 척) 끼어든 업무가 먼저일까? 이를 구분하는 것이 가장 어렵고 중요했다. 말로는 너무나 당연하고 쉬운 것 같지만, 막상 일이 닥치고 이것저것 요구가 많아지면 우선순위를 잡고 조정하는 것 자체가 큰 스트레스였다. 그러다 예상치 못한 일로 오늘 업무가 계획대로 되지 않으면 마음이 조급해지고 심리적으로 흔들릴 수밖에 없었다.

그리고 중요하게 생각한 또 한 가지는 쉬는 시간을 갖는 것이었다. 학교 다닐 때 한 시간 수업이 끝나면 10분 휴식 시간을 갖고 다시 수업을 들은 것처럼 업무도 이런 식의 마디가 필요했다. 업무와 업무 사이를 쉬는 시간처럼 생각하고 계획을 짰다(10~15분를 여유를 주고). 이런 시간 배분은 지금 생각해 보면 꽤 단순해 보이지만 효율성은 꽤 컸다. 한 달 정도 지나고 바뀐 시간 관리법을 평가했을 때 집중력이 올라갔음을 느낄 수 있었다. 그리고 이때부터 먼저 해야 할 일, 잠시 미뤄도 되는 일 등을 구분하는 법도 익힐 수 있었다. 또 업무 간 비슷한 수준의 집중과 몰입을 유지하며 일하는 방법도 알게 되었다.

안타깝게도 나의 창업은 1년도 채 되지 않아 마무리되었다. 하지만 이때 배운 시간 관리법은 스타트업 기획자로 살아가는 데 중요한 기반이 되었다. 그때와 지금, 달라진 것이 있다면 화이트보드를 사용하던 것에서 노션 같은 공용 문서를 활용해 매일의 업무 시간을 조정하고 관리하는 것 정도.

시간 관리와 우선순위를 잘 정하는 것의 중요성은 앞으로도 계속해서 우리를 따라다닐 것이다. 그리고 무슨 일에서든 시간 관리의 중요성은 변치 않을 것이다.

2

배움 노트

배움을 구체화하는 법

실패를 배움으로 만드는 데 필요한 자세는?

실패한 창업이지만, 1년이라는 짧은 시간 동안 배운 것은 정말 많았다. 이번 글에서는 창업 과정에서 가장 크게 배운 것 중 하나인 실패를 대하는 태도에 대해 얘기해보고자 한다.

간식과 차를 구독 모델로 제공하면서 해결하고자 했던 문제는 두 가지였다. 하나는 중소기업이 만든 질 좋은 제품을 많은 사람에게 알리는 것, 또 하나는 건강한 주전부리를 편하게 받아보도록 하는 것이었다.

첫 번째 문제를 위해 가장 먼저 한 일은 좋은 제품을 받아오는 것부터였다. 나와 공동 창업자는 대학과 인턴 생활을 거치면서 수차례 제안서를 작성하고 프레젠테이션을 한 경험을 갖고 있었다. 그래서 설득에는 누구보다 자신이 있었다. 우리는 서비스 소개와 함께 제품을 어떻게 사람들에게 알리고 전달할 것인지 피드백은 어떤 방법으로 수집해 정리할 것인지, 30페이지 분량의 제안서부터 만들었다. 그리고 건강한 간식, 차 등의 키워드를 검색해 업체 리스트를 정리했다. 일주일 동안 작업한 끝에 100여 곳을 찾았고, 제안서를 첨부한 메일을 하나씩 발송하기 시작했다.

그런데 일주일을 기다렸는데, 단 한 곳에서도 답장이 오질 않았다. 같은 곳으로 다시 메일을 보낼 수는 없어서 메일 내용을 조금 수정하고 추가로 몇 곳 더 메일을 보냈다. 하지만 결과는 같았다. 제안서를 작성하고 메일을 보낼 때의 열띤 분위기는 온데간데없고, 모두 풀이 죽어 사무실은 고요함 그 자체였다. 뭐가 문제였을까? 알 수 없었다.

그러고 얼마 뒤, 코엑스에서 열리는 중소기업대전 행사에서 한 업체 홍보담당자로부터 우리가 회신 메일을 받지 못한 이유를 들을 수 있었다. 그가 말한 바로는 '생산'에 모든 업무의 초점이 맞춰져 있는 중소기업은 홍보담당자가 없는 경우도 많고, 있어도 경리 업무 등을 함께 보는 분들이 많아 메일보다는 전화, 전화 보다는 직접 방문이 피드백 받기에 훨씬 수월하다고 알려주었다.

우리에게 익숙하다는 이유로 메일을 커뮤니케이션 수단으로 한 것이 문제였다. 제안 받는 사람의 상황과 입장을 전혀 고려하지 못한 실수였다.

그럼에도 불구하고 계속되는 실수

다음 날, 업체별로 전화를 돌리기 시작했다. 담당자를 확인하고, 간략한 소개를 하고, 미팅을 청했다. 다행히 두어 곳에서 방문해도 좋다는 답변을 얻을 수 있었다.

우리가 처음 방문한 곳은 경기도 평택의 한 공장으로 하루 한 봉 견과류를 만드는 곳이었다. 안내를 받아 담당자 두 분과 미팅을 시작했다. 그런데 인사를 나눈 후 첫 마디가 우리를 다시 당황하게 했다. 어떤 서비스인지, 뭘 원하는지 설명을 해달라고 했다. 미팅 일정이 잡혀 회의에 참석하긴 했는데, 어떤 미팅인지 정확히 모른다고 했다.

제안서가 문제였다. 30페이지는 1분 1초가 바쁜 그들에게 꼭 읽어봐야 할 내용이 아니라 귀찮은 존재였다. 그리고 제안서의 글자 크기는 집중해서 읽지 않는 이상 보기가 어려울 정도로 작았다. 그러다 보니 제안서는 프린트되어 책상에 한 번 올라가고는 한 번도 펼쳐지지 않은 채 그대로였다.

부랴부랴 노트북으로 간이 프로젠테이션을 하고 제품을 받아올 수 있었지만, 메일 발송에 이어 또 한 번 상대를 이해하는 노력을 제대로 하지 못했다는 사실을 깨달았다. 다른 곳으로 미팅을 갔던 팀원 역시도 비슷한 경험을 했다고 알려 주었다.

같은 경험이 반복되지 않도록 그간의 문제점을 찾아 정리하기 시작했다. 예를 들어 생산 업체에 연락할 때는 이메일보다 전화가 더 효율적이고, 전화하면 언제 연결될 확률이 높은지, 통화 시간은 어느 정도가 적절한지 등을 정리했다. 그리고 이를 팀원들과 상의하며 더욱 구체화했다. 실수라는 표현 대신 배움을 구체화한다는 생각을 하고서 많은 이야기를 나눴다. 그리고 일을 하면서 겪는 여러 가지 미세한 경험까지도 함께 공유했다.

창업의 끝

어렵게 시작한 창업이었지만 만 1년이 될 무렵 더 이상 유지가 어렵다는 생각이 들었다. 월별 박스는 매번 완판이었지만 현금 흐름 유지가 어려웠다(투자를 받지 않는 이상). 배송으로 접한 상품을 직접 추가로 구매할 수 있는 쇼핑몰 오픈도 계획

대로 진행하지 못했다. 당연히 추가 매출 확보도 어려웠다. 팀원들에게 서비스 유지를 더는 할 수 없다는 이야기를 전할 수밖에 없었다. 수없이 재생되던 '만약에'라는 가정이 결국 실패로 연결된다는 사실에 너무 가슴이 아팠다.

창업에 매달려 시간을 쓰는 동안 친구들은 취업이나 새로운 진로로 나아가는 등 사회로의 첫발을 내딛고 있었지만, 나에게는 남은 것이 아무것도 없었다(경험은 남았지만). 허탈감이 컸다. 사무실을 정리하며 팀원들과 틈틈이 작성한《배움 노트》를 다시 펼쳤다. 빼곡히 적힌 우리의 배움이 꽤 많다는 생각이 들었다. 새로운 페이지에 '만약에'로 시작하는 가정들을 하나씩 적고, 다른 색으로 '다음에는'이라는 말을 이어 붙였다. 뒤늦은 성찰 같기도 했지만, 그렇게 마무리하는 것이 스스로를 향한 최선과 위안이었다.

1)(만약에)리뷰 콘텐츠를 다시 사용해야 한다면 (다음에는) 사용자 리뷰를 긍정, 부정으로 나누는 것보다 활용 가능한 하나의 콘텐츠로 생각한다. 2)(만약에)서비스 결제 화면을 다시 구축해야 한다면 (다음에는)리뷰의 핵심만 요약해 구독 화면에서 보여주는 등 사용자를 설득하기 위한 연결 고리로 활

용한다. 3)(만약에)서비스를 위한 채널을 관리해야 한다면 (다음에는)많은 홍보 채널을 운영하는 대신 몇 가지 채널에만 집중한다. 그런 다음 하나씩 확장해 나간다.

스타트업에서 일한다는 건, 꽤 많은 위험을 감수해야 한다는 것을 의미한다. 지금까지 했던 일이 아닌 낯선 일을 해야 할 때도 있고, 상황에 따라 업무 방법과 과정을 달리 해야할 때도 있다. 실패로 끝난다 하더라도 이를 배움으로 받아들이는 마음가짐이 중요하다.

지금도 나는 노션에 작성한 《배움 노트》를 확인하는 것으로 하루를 마무리한다. 짧게는 어제, 길게는 이번 주 작성된 내용을 보며 배움은 잘 써먹고 실수는 줄이려 한다. 한 번의 실수는 누구에게나 값진 배움이 되고, 두 번의 실수는 실력이 된다. 그러나 세 번부터는 어느 누구라도 더 이상 봐주지 않는다. 그때는 냉혹한 현실을 마주해야 한다. 이 사실을 누구보다 잘 알기에 배움을 기록하고 확인하는 일을 빼먹지 않는다.

기획자의 데이터 분석 루틴

데이터가 의사결정의 전부가 될 수 없는 이유는?

앞서 말한바 대로, 창업은 절반의 성공으로 끝났다. 투자 유치를 하거나 그 이상의 성과를 만들거나 그러질 못했다. 하지만 해결하고자 하는 문제를 고민하고 이를 풀기 위한 노력은 '기획하기'의 즐거움을 알려 주었다. 또 동료와 어떻게 하면 좀 더 효율적으로 일할 수 있는지 그리고 무엇을 함께 할 수 있는지 등도 알려주었다. 혼자가 아니라 '우리'로 일하는 맛을 알려주었다.

나는 군 생활과 창업 등으로 3년 이상 휴학을 한 상태였기에 마지막 학기 공부와 다음 단계 준비를 위해 일단은 학교로 돌아갔다. 또래들을 쫓아 취업에 필요한 공부를 했고 여러 가지 스펙을 준비했다. 하지만 창업에 대한 갈증은 계속해서 나를 따라다녔다. 이력서에 한 줄 더 추가하기 위해서가 아니라 짜릿했던 경험을 다시 하고 싶었다.

원티드, 로켓펀치, 리멤버 등 다양한 채용 서비스가 존재하던 때도 아니고, 잡플래닛이나 블라인드처럼 기업의 '찐' 소식을 알려주는 서비스가 있던 때도 아니었다. 나는 취업 결심을 하고 잡코리아, 사람인 등에서 '서비스 기획'으로 등록된 채용 정보를 하나씩 확인해 나갔다. 그러던 중 위자드윅스라는 회사에서 작성한 공고를 보게 되었다. 그곳은 당시 내가 자주 쓰던 '솜노트'(일종의 노트/메모 앱) 서비스를 운영하던 곳이었다. 운이 좋으면 내가 그 서비스를 직접 담당할 수 있겠다는 생각이 들었다.

지원서를 보내고, 며칠 뒤 면접을 보러 오라는 연락이 왔다. 친구들에게 귀동냥으로 들은 대기업 공채 면접과는 확실히 다른 분위기였다. 면접장에서는 창업 실패담을 또 어디서 이야기할 기회가 있을까 싶을 정도로 즐겁게 이야기했다. 마지막에는 솜노트로 작성한 내용까지 보여주면서 "언제 어디서든 쉽게 작성하고 간직할 수 있는 즐거움을 더 많은 사용자와 나누고 싶다"는 말도 덧붙였다.

일주일 뒤, 출근하라는 연락을 받았다. 창업 이후 다시 한 번 스타트업에서 일 할 기회를 얻은 셈이었다.

아무것도 모르는 초보 담당자

위자드윅스에 입사하고 바람대로 솜노트를 담당하게 되면서 가장 먼저 했던 일은 사용자 분석이었다. 어떤 경로로 알게 되어 앱 다운을 받았는지, 타겟으로 생각한 층이 아닌데 어떤 이유로 가입했는지, 특정 기능을 많이 사용하는 이유는 무엇인지, 다운로드 수가 급증한 이유는 무엇인지 등 건강해지는 지표를 보면 기분이 좋으면서도 이유가 궁금했다. 데이터를 들여다봐야 해답을 찾을 수 있다, 까지는 알겠는데 어떻게 해석해야 할 지는 몰랐다. 회사에 기획자는 처음이어서 이것저것 가르쳐 줄 선배도 마땅히 없었다.

당시에는(2014년) 지금처럼 데이터 분석 관련 강의가 많지 않았고 참고할 만한 사례도 흔치 않았다. 혼자서 구글 애널리틱스를 공부하며 조금씩 기초 지식을 쌓아가던 게 전부였다. 눈앞에 펼쳐진 데이터는 많았지만, 어디서부터 어떻게 시작해야 할지 보이지가 않았다. 서비스의 목표가 무엇인지부터 다시 생각해보았다. 데이터와 목표를 연결 짓는 과정에서 집중해야 할 데이터 범위를 정하고 사업 목적에 맞춰 분석하는 것이 필요했다. 당시에는 사용자당 신규 노트 생성을 높이는 것과 두 번째 노트를 추가하기까지 시간을 줄이는 것이 중요한 목표였다(신규 노트를 생성한다는 것은 계속 서비스를 쓰겠다는 사용자의 신호였다).

노트 추가에 시간이 오래 걸리는 이유는 무엇일까? 이유를 알기 위해서는 어떤 데이터를 열어봐야 할까? 데이터로 확인할 수 없는 내용은 어떻게 파악해야 할까? 등 여러 질문을 하며 필요한 데이터를 정리해 나갔다. 하지만 아직 넘어야 할 산은 많았다. 그러기 위해서는 가설이 필요했다.

가설은 우리가 어디에 초점을 맞춰 데이터를 확인해야 하는지, 그리고 잘했는지 아니면 개선이 필요한지 등을 판단하는 중요한 기준이 된다. 즉, 가설을 확인하기 위한 데이터 수집과 무턱대고 데이터를 열어보는 것 사이에는 확연한 차이가 발생한다.

함께 일하는 동료들(디자이너, 개발자, 마케터 등)과 "이 기능을 이렇게 하면, 이렇게 될 것이다" 식의 원인과 결과가 있는 가설을 써보기로 했다. 그런데 같은 기능이라 하더라도 가설을 쓰는 관점은 아주 달랐다. 같은 지표를 두고서도 디자이너는 이건 정말 중요한 역할을 할 거야! 라고 말하는가 하면, 개발자는 그건 의미가 없고 시간 낭비다, 라고 말하기도 했다. 서로 다른 가설을 조율할 방법은 그렇게 생각한 '이유'를 가지고서 상대를 설득하는 수밖에 없었다. 그런데 이런 과정이 데이터를 꼼꼼히 살피고, 여러 의견과 자료를 다양한 관점에서 검토해보는 기회로 작용했다.

당시 앱 내 설정 메뉴에서는 별도의 설문 코너를 두고 사용자 의견을 받기도 했는데, 이곳에서 청취한 내용은 향후 몇 번의 테스트를 거쳐 중요한 업데이트가 있을 때마다 사용자 반응을 체크하는 용도로 사용했다. 또 별도로 오프라인에서 서비스 이용자를 만나 이야기를 듣는 것도 주기적으로 진행했다. 이때는 데이터에서 파악되지 않는 앱 만족도나 기타 의견 등을 자세히 청취했다. 이런 다양한 방법으로 데이터 수집과 해석에 대한 감을 잡아가기 시작했다.

기획자에게 데이터란

지금부터는 IT 기획자라면 누구나 알고 있어야 하는 데이터의 의미를 한 번 정리해보고자 한다. 데이터 중요성에 대해 한 번 더 파악하는 계기가 되었으면 좋겠다.

첫 번째, 데이터는 설득의 근거가 된다. 어떤 문제를 풀기 위해 관계자들이 모두 모여 논의를 한다고 생각해보자. 가장 어려운 것은 모두가 마땅한 근거가 있지 않을 때다. 근거가 있다면 비교를 통해 더 나은 의사결정을 할 수 있지만, 주관적 기준이 앞서게 되면 말을 잘하는 사람, 포기하지 않는 사람, 목소리가 큰 사람이 주도권을 갖게 된다. 그러다 보면 엉뚱한 방향으로 결론이 나기도 한다. 하지만 데이터를 중심에 두고 이야기하면 모든 것이 달라진다. 커뮤니케이션 방향 자체가 엉뚱한 곳으로 흐를 일도 없으며 객관적인 의사결정도 가능하다. 당연히 설득력이 높아질 수밖에 없다.

두 번째, 데이터는 우리가 무엇을 잘 했는지 확인하는 데 필요한 기준을 제공한다. 기획, 디자인, 개발, 테스트와 검증까지 여러 단계가 잘 맞물린다 해도 우리 예상대로 사용자들이 서비스를 이용하는 것은 아니다. 버튼을 하나 추가했을 뿐인데 복잡하다는 의견이 쏟아질 때도 있고, 중요하지 않은 기능이라 안내나 설명을 하지 않았음에도 사용자들이 어떻게 알고 찾아서 쓰는 일도 있다. 그럴 때마다 데이터는 더없이 중요한 역할로 무엇을 잘했고 무엇을 놓쳤는지 알 수 있게 도와준다.

다만, 우리가 늘 조심해야 하는 것은 보고 싶은 대로 데이터를 해석해서는 안 된다는 것이다. 이렇게 됐으면 좋겠어! 라는 바람을 데이터 분석 과정에 밀어 넣으면 수치를 잘못 보거나 계산 과정에도 문제가 발생한다. 한번 꼬이기 시작하면 다음 의사 결정에도 영향을 준다. 데이터를 뽑고 보기 좋게 출력해주는 툴은 점점 발전하고 있지만, 무엇을 뽑고 어떻게 해석하고 정리할지 결정하는 것은 여전히 사람이 하는 일인만큼 어떤 의도가 있느냐는 무척 중요하다.

세 번째, 데이터는 진짜 중요한 것이 무엇인지 알려준다. 이후 다니게 된 회사에서의 경험인데, 새로운 서비스를 맡게 되면서 전임자로부터 중요하게 관리하던 지표를 함께 넘겨받은 적 있다(이 서비스는 2016년 오드엠에서 담당한 애드픽이라는 서비스였다). 3년 넘게 관리하던 지표였는데 매출도 꾸준히 나오는 서비스라 지표에 별다른 의심은 없었다. 그런데 실제 사용자를 만나 인터뷰하는 과정에서 우리가 중요하게 생각한 기능과 실제 자주 쓰는 기능이 달라 관심을 두고 체크해야 할 지표가 틀렸음을 알게 되었다.

조금만 더 자세히 얘기하면, 사용자는 본인의 활동에 따라 수익과 연결되는 캠페인 진행 횟수를 중요하게 생각했지만 우리는 선택 가능한 캠페인 수를 중요하게 생각하고 있었다. 인터뷰를 통해 이 사실을 알게 된 후 사용자 한 명이 더 많은 캠페인을 선택할 수 있도록 일종의 '퀘스트' 기능을 만들었다. 직접 선택한 캠페인 수가 많아질수록 활동 폭도 넓어질 거라는 가설을 바탕으로 기능을 업데이트한 것이었다. 그 결과 사용자당 진행 캠페인 수와 획득 포인트 모두를 높일 수 있었다.

데이터를 해석하는 주관자의 시선에 따라 데이터는 얼마든지 다르게 사용된다. 그동안 우리가 발견하지 못한 새로운 사실이 데이터 안에는 얼마든지 있을 수 있다. 지금도 데이터를 들여다보는 일은 출근 직후 그리고 퇴근 전 꼭 해야 하는 중요한 루틴이다. 그리고 로그 분석 툴로 볼 수 없는 데이터도 매번 점검해야 한다.

위자드웍스에서의 경험과 고민은 기획자로서 데이터를 어떻게 보아야 하는지 방법을 알려주었다. 스타트업에서의 첫 번째(창업이 아닌 취업으로) 공부치고는 값진 공부였다.

기획자로서 신뢰를 얻는 소통법

프로젝트 성공을 위해 가장 신경 써야 할 것은?

위자드웍스의 솜노트 담당을 끝내고, 신규 프로젝트를 새롭게 맡게 되었다. 그런데 기획과 마케팅 그리고 운영은 우리가 하지만 개발은 다른 곳(협력사)과 협업하는 방식이었다.

아시다시피, 개발이 끝나면 대금을 받고 빠지는 것과 초기부터 같은 목표를 바라보고 개발을 하는 것에는 많은 차이가 있을 수밖에 없다(외주의 한계). 게다가 서로 다른 공간에서 일하는 것인 만큼 소통도 어렵다. 이런 상황에서 혼란을 얼마나 잘 정리하고, 참여자로부터 최대치의 노력을 이끌어내느냐가 기획자의 역할이었다.

나는 맨 먼저 우리 회사의 업무 방식과 협력사의 업무 방식을 적기 시작했다. 나란히 써 놓고 항목별로 충돌이 발생할 것 같거나 프로젝트 진행에 문제가 될 만한 것에 빨간색 표시를 했다. 같은 공간에서 일하지 않는 환경, 서비스를 직접 운영해보지 않은 협력사 환경 등도 빨간색 대상이었다. 그런 다음 협력사 대표님께 연락을 취해 업무 방식과 앞으로의 진행 방향에 관해 이야기를 나누고 싶다고 했다. 그리고 개발을 담당하는 분들의 성향이나 기존 프로덕트 개발 과정 등은 어땠는지도 듣고 싶다고 했다. 햇병아리 기획자의 요청이었지만 협력사 대표님은 인터뷰 요청을 긍정적으로 받아주었다.

함께 일할 구성원들과 1:1 인터뷰 진행

생각보다 꽤 많은 것을 논의했다. 빨간색으로 표기된 내용을 먼저 확인하고 우려되거나 개선되었으면 하는 사항도 추가로 확인했다. 협력사 대표님은 이런 자리를 마련해줘서 고맙다는 말과 함께 직접 개발 담당자를 만나보면 좋겠다고도 했다. 이후 개발자 세 명과도 차례대로 1:1 미팅 일정을 잡았다. 한 곳에서 2년 이상 개발 업무를 진행한 분들이라 다들 비슷비슷한 내용을 말할 것으로 생각했지만 꽤 다양한 얘기가 나왔다.

개발자들이 공통으로 언급한 사항은 그동안 기획자 없이 일하다 기획자가 투입된 환경 변화에 대한 우려였다. 이 변화로 자칫 개발에 제동을 걸거나 개발 일정이 연기되지는 않을까 하는 우려를 하고 있었다. 나는 내가 생각하는 기획과 관리 업무는 무엇이고, 각 단계 별 산출물은 무엇이 되면 좋겠는지를 얘기했다. 그리고 산출물의 경우 실제 문서 샘플을 캡처해서 보여주는 것도 잊지 않았다. 그렇게 서로 몇 번 주고받으며 수정과 보완을 거듭했고, 결과적으로 앞으로 프로젝트를 어떻게 진행하면 좋을지 몇가지 기준을 잡을 수 있었다.

한 달 후, 첫 회고(회고와 회고 방법에 대해서는 뒤에서 따로 다룬다) 때, 프로젝트 시작하기 전에 진행했던 1:1 인터뷰가 개발과 기획 사이의 이해관계를 좁힐 수 있었고, 여러 가지를 정리한 것이 도움이 많이 되었다는 얘기를 들을 수 있었다. 결과적으로 서로를 이해하는 자리가 된 셈이었다.

조금씩 쌓이는 신뢰, 하지만 진짜는 지금부터

이 경험은 조직개편 등으로 팀 환경이 바뀌거나 새로운 프로젝트 진행과 같은 상황에서도 내부 혼란을 줄이고 기획자나 프로덕트 매니저를 중심으로 끈끈하게 뭉치는 방법을 알려주었다. 그리고 개인의 고민이나 고충을 듣고 이를 일에 반영하는 방법도 배울 수 있었다. 물론 프로젝트 진행 과정에서 생기는 이슈는 또 다르게 정리하고 해결해야 하는 일이 되었지만 1:1 미팅이 프로젝트 출발 전 팀원 간 신뢰도를 높일 수 있는 좋은 방식임을 알게 된 소중한 경험이었다.

이때의 경험이 바탕이 되어 지금도 프로젝트를 시작하기 전에 꼭 개발, 디자인, 운영, 마케팅 등을 담당하는 멤버들과 1:1 인터뷰를 하고, 해결하거나 조정해야 할 사항은 없는지 미리 파악하고자 한다. 이렇게 하는 것이 기획자의 중요한 습관 중 하나가 되었다.

스타트업이라면 조직 규모는 각각 다르겠지만, 대부분은 앞서 설명한 프로젝트처럼 많은 인원이 투입되기 어려운 환경에서 시작한다. 이때 중요한 것은 일정도, 기술도 아닌 사람이다. 규모가 작을수록 한 명, 한 명의 영향력은 클 수밖에 없고, 이는 모든 단계와 과정에서 중요한 변수로 작용한다. 따라서 우리가 가장 먼저 해야 할 일은 함께 프로덕트를 구축하고 그 과정을 함께 할 팀 빌딩을 잘하는 것이다.

서로를 잘 아는 것 그리고 공감의 기준과 바탕을 만드는 것, 이는 프로젝트의 출발점이 된다. 그리고 또 하나, 신뢰할 수 있는 사람이네? 라는 공감대를 쌓은 후, 이를 잘 유지하는 것도 정말 중요하다.

　신뢰를 쌓기도 어렵지만 쌓인 신뢰가 무너졌을 때 다시 회복하는 건 더 어렵다. 그럼에도 관계 개선의 방법을 찾고 더 끈끈해지는 과정을 거치게 되면 그 팀은 한마디로 무적이 된다.

필요한 일을 주도적으로 찾는 법

왜 내가 아니라 팀에게 필요한 일을 찾아야 하는가?

아쉽게도 위자드웍스에서 반년 넘게 개발하고 론칭한 서비스가 다른 회사에 양도되면서 나는 또 한 번 진로 고민을 하지 않을 수 없었다. 결국 1년이 조금 넘는 시간 기획자로서 첫 경험을 마친 뒤 나는 다시 또 다른 스타트업인 오드엠(두 번째 스타트업)으로 이직했다.

그 곳은 스마트폰이 처음 나오던 시절 '오늘만 무료 앱'과 같은 다양한 앱 정보를 소개하는 서비스로 인기를 얻은 '팟게이트'와 마이크로 인플루언서를 활용한 광고 플랫폼 '애드픽'을 운영하는 회사였다. 전체 인원은 위자드웍스보다 두 배나 많았지만 이곳에서도 첫 기획자나 다름없었다. 그 말인즉슨, 그동안 내가 해온 업무 방식 그대로 이곳에서 일할 수 있어 좋은 점도 있지만, 기획자 없이 일하는 것에 익숙한 조직에 기획이 필요한 이유와 나의 존재 이유를 끈질기게 증명해야 한다는 것을 뜻하기도 했다.

스타트업일수록 사람을 뽑는 이유는 명확하다(나를 채용한 이유도 분명했다). 정확히는 일반 기업보다 더 신중하게 사람을 뽑는다. 특히 기획자나 PM의 롤은 지원자가 채용 공지를 통해 어떤 서비스를 담당할 것인지 1차 확인을 하고, 면접을 보면서 2차 확인을 한다. 그러면 내가 어떤 일을 하고 어느 정도의 역량이 필요한지, 지원자 입장에서 대략 파악이 된다. 하지만 실제 출근해서 현업으로 들어가게 되면 예상과 전혀 다를 때도 있다.

그래서 입사 이후 기본적인 가이드를 받는다 하더라도 어떻게 일할 것인지 스스로 정의하는 온보딩 과정은 무척 중요하다. 넓은 범위에서 내가 하는 일이 무엇인지 살펴보고, 그 일이 가진 역할과 가치 등을 살펴보는 시간을 꼭 가져야 한다.

업무 리스트 작성하기

나는 입사와 동시에 기존의 기획 문서를 확인하고 함께 일할 동료(팀원)의 업무 스타일 관찰에 집중했다. 업무 방식을 파악하고, 기획이 필요한 이유를 찾아내기 위해서였다.

어느 정도 관찰이 끝난 다음 1:1 인터뷰를 통해 기존 업무 방식에서 개선되었으면 하는 점, 기획자에게 바라는 점 등을 청취했다. 이 과정이 중요한 이유는 앞에서도 설명한 바와 같이 기획자라는 존재가 귀찮은 사람이 아니고, 더 나은 방향이 될 수 있게 함께 고민해주는 사람이라는 걸 알려줄 수 있기 때문이었다.

관찰과 인터뷰가 끝나고 나서(대략 2주 정도) 해야 하는 일들을 하나씩 리스트업 하기 시작했다. 작성된 리스트를 갖고서 동료들을 만나 다시 한 번 확인을 받았다. 그런 다음 오케이 사인이 나오면 바로 그 자리에서 그 일을 언제 할 것인지 일정을 정했다. 예를 들면, 최초 작성한 업무 리스트에는 '스토리보드 문서 템플릿 제작'이라고 되어 있던 것을 '우선순위 상'이라는 태그를 붙이고, 언제까지 완료할지 날짜를 입력했다. 그리고 함께 고려했으면 하는 내용을 요청 사항이라고 해서 다시 태그를 달았다. 그리고 가급적이면 세부적으로 업무를 쪼개 일정의 정확성을 높이고자 했다. 그런 다음 모두가 볼 수 있는 업무 공유 문서인《팀 기획 노트》에 등록했다. 그래서 누구나 이 문서만 보면 자신이 어떤 일을 하고 있는지 알 수 있도록 했다.

나보다 팀에게 더 필요한 일인지 판단하기

창업했을 때 나는 '업무 리스트'를 작성하며 스스로 얼마나 많은 일을 했는지, 만족의 눈빛으로 리스트를 바라보곤했다. 이만큼 했으니 잘 될 거야, 라는 자기 합리화 수단이었다. 하지만 정말 중요하게 챙겨야 하는 것은 할 수 있는 일과할 수 없는 일을 구분하고, 팀에게 꼭 필요하고 도움이 되는내용인지 판단하는 일이었다. 욕심으로 무리하게 일을 잡다보면 업무는 밀릴 수밖에 없고 무엇보다 팀원의 불만과 일정에도 계속 영향을 줄 수밖에 없었다.

만약 혼자 판단한 사실로 해야 할 일을 리스트업 하고 그내용을 공유했다면 어땠을까? 팀원에게는 "새로운 기획자는 왜 쓸데없는 일을 하려는 거지, 정작 필요한 일은 하지 않고..." 이렇게 생각할 수도 있고, 반대로 함께 일하는 팀원들과 충분한 대화를 나누고 이들의 이야기를 바탕으로 해야 할일을 정리했다면 "우리가 편하게 일하도록 업무 조율을 해주고 있구나"하는 인식을 줄 수도 있다. 궁극적으로는 기존 업무의 불편함에서 시작해서 하나씩 더 나은 방법을 제안하고 설득의 과정으로 이어가는 게 중요하다.

스타트업에서 일하는 주니어(부사수)들이 입사 초반에 늘 하는 질문 중 하나가 "뭘 하면 좋을까요?"이다. 무언가 하고 싶고, 보여주고 싶은데 어디서부터 어떻게 시작해야 하는지 모를 때 나오는 마음의 소리이다. 그럴 때면 나는 위의 경험을 들려주고, 일정 기간 이상 근무했다면 팀이 지금 무엇을 하고 있고 무엇을 예정하고 있는지부터 살펴보라고 말한다. 그리고 일의 방향성과 기획 방법을 점검하는 것도 좋다고 말해준다. 주도적으로 일을 찾아 진행한다는 것은 결국 팀과 나를 잘 이해하는 것에서부터 출발하기 때문이다.

프로젝트 시작을 잘하는 법

동료의 공감을 이끌어 내는 방법은?

오드엠에서 내가 담당한 서비스는 광고주가 등록한 앱이나 웹 서비스를 마이크로 인플루언서들에게 알리고 이들이 자신의 SNS 채널이나 기타 적합한 채널에 리뷰를 작성할 수 있도록 도와주는 플랫폼이었다. 광고주는 홍보하고 싶은 제품과 서비스를 인플루언서를 통해 알리고, 인플루언서들은 자신의 영향력을 활용해 이익을 얻는 구조였다.

당시, 나는 인플루언서들이 활동하는 채널을 자주 살펴보았는데, 육아나 지역 맘 카페 등에서는 공구(공동 구매)가 늘 활발했고(단체 구매로 저렴한 가격에 물건 구매가 가능), 게임 쪽에서는 사전 예약 출시가 중요한 마케팅 수단으로 자리 잡고 있었다(출시 안내 문자를 신청하면, 게임 아이템 등을 무료로 얻을 수 있다). 이 둘을 보면서 패션이나 건강 제품에도 적용할 수 있지 않을까 하는 생각이 들었다. 상품 정보와 사전 예약 기능으로 공급자 입장에서는 미리 수요를 확인하고, 사용자 입장에서는 출시 후 구매에 필요한 할인 쿠폰 등을 미리 받을 수 있다면, 그리고 여기에 기존 서비스의 인플루언서를 끌어들인다면 일반 대중들에게 상품을 알리기에 안성맞춤이라는 생각이 들었다.

아이디어가 정리되자 1)우리가 이 서비스를 구축해야 하는 이유 2)서비스를 통해 달성할 수 있는 목표 3)기존 서비스와의 연관성과 기회 등을 담은 제안서를 작성하고, 이를 대표님과 부대표님께 보냈다. 그리고 한 번의 설명회 시간을 가졌는데, 두 분은 그 자리에서 신규 프로젝트 진행을 승인해 주었다.

나는 들뜬 마음으로 제안서를 실무에 맞게 조금 더 다듬은 다음 전체 직원을 대상으로 내용을 공유했다. 기존 서비스와 연동이 가능했고, 확장의 개념이 컸기에 동료로부터 공감을 얻을 수 있을 것으로 예상했다. 하지만 반응은 싸늘했다. 하나의 프로덕트를 담당하면서도 할 일이 많은데, 프로덕트 하나를 더 만들고 운영하는 것이 부담스럽다고들 했다.

팀원 설득을 위한 작업

그나마 다행이었던 것은 팀원들이 서비스 자체에 대해서는 긍정적으로 생각하고 있다는 점이었다. 나는 회사의 관점이 아니라, 동료의 관점에서 다시 한번 제안서를 들여다보았다. 그리고 현실적으로 소화 가능한 방향으로 세부 기능에 집중해서 기획안을 다시 정리해 보았다. 이제《스펙 노트》를 만들 차례였다.

《스펙 노트》는 프로젝트 단위로 목표, 주요 기능, 개발 범위, 담당 인원 등이 담긴 일종의 가이드와 같은 문서다. 여기에는 프로젝트가 필요한 이유부터 우리가 무엇을 얻을 수 있는지 등에 대한 이유도 포함된다. 나는 필요한 기능을 하나씩 나열하고 개발이 필요한 이유와 이를 맡게 될 담당자 이름을 적었다. 담당자를 미리 지정한 이유는 이 일만 하는 것이 아니므로 기존 업무와 병행할 수 있는 수준을 미리 확인하고 어떻게 세밀하게 조절할지 함께 상의하고 싶어서였다.

이렇게 핵심 기능, 필요 이유, 담당자를 한 묶음으로 20여 개의 기능을 정리한 다음 다시 한번 미팅을 진행했다. 이 기능을 어떻게 개발할까? 가 아니라 나열된 기능을 론칭 기준으로 최소 단위로 줄이고, 현재 진행 중인 업무와 병행할 때 투입할 수 있는 시간이 얼마나 되는지 미리 점검하는 것이 목표였다. 그리고 오픈했을 때 발생할 수 있는 우려 점과 앞으로의 이슈 등에 대해서도 의견을 듣고자 했다. 예를 들어,

'자주 묻는 질문'이 구체적으로 제공되지 않으면 1:1문의 증가로 이어질 수 있고 이는 운영팀의 업무 과부하로 연결되는데, 이를 수정하려면 관리자 페이지 내 FAQ 관리 메뉴가 필요하다고 했다. 나는 개발팀 도움 없이 질문과 답을 정리하고 외부 문의에 빠르게 대응할 수 있는 젠데스크(Zendesk), 인터콤(Intercom) 등의 외부 솔루션을 이용하자고 제안했다 (자주 묻는 질문을 개발 없이 자동 생성해주는 프로그램으로 비 개발자들이 운영할 수 있다). 이렇게 몇 차례 미팅을 거치며 현재 업무에 부하가 걸리는 걸 최대한 줄이면서도 론칭에 포함될 최소한의 기능을 정의했다.

공통의 기준으로 시작된 프로젝트

이런 노력으로 100일 후 론칭이라는 기준에 맞게 프로젝트를 시작할 수 있었다. 'Premarket'이란 이름의 웹/앱 서비스였다. 출시 이후 구글 플레이스토어 추천 앱에도 선정되는 등, 기획부터 개발과 론칭까지 개인적으로도 많은 것을 배울 수 있었다. 프로젝트 진행을 통해 내가 배운 것들을 정리해

보면 다음과 같다.

1)새로운 일에 대한 설득은 '왜'보다 '어떻게'가 동료의 부담을 줄일 수 있는 방법이다. 2)신규 프로젝트 논의에 동료들이 자발적으로 참여하도록 하는 방법을 갖고 있어야 한다. 3)팀과 회사의 상황을 고려해 업무 분배와 일정 산정이 이뤄져야 한다.

이중에서도 프로젝트 진행 시 '왜?'에 머물지 않고 동료의 현재 상황을 고려, '어떻게?'에 맞춰 이야기를 진행할 때 동료로부터 지지를 얻을 수 있다는 것이 가장 크게 배운 점이었다. 이후 기능 업데이트나 신규 프로젝트 진행 전에는 언제나 한두 페이지 분량의《스펙 노트》를 공유하고 함께 논의하는 과정을 거쳤다. 문서에는 1)우리가 만들고자 하는 기능(또는 서비스) 2)해결하고자 하는 문제 3)해결을 위해 꼭 필요한 기능 4)기능에 대한 간략한 소개 5)세부 실행 방안 6)담당 인원과 예상 일정 등을 포함했다.

규모와 상관없이 기획자에게 주어진 중요한 역할 중 하나는 일이 진행되도록 하는 것이며 핵심은 내부 동료를 설득하는 것이다. 아무리 좋은 기획안과 아이디어를 갖고 있어도 함께 일할 사람을 움직이지 못한다면 아무런 의미가 없다.

기획자이자 PM으로 상황에 맞게, 무리하지 않는 선에서 업무를 잘 할당하는 것도 중요하지만, 경험상 더 중요했던 것은 프로젝트에 참여하는 멤버들이 자신의 상황에 맞춰 그 다음을 예측할 수 있도록 충분한 시간을 주는 것이다. 이는 자율적으로 움직일 수 있는 환경을 갖추도록 하고 불필요한 논의를 줄이는 데에도 도움을 준다.

나 없이도 서비스가 돌아가는 법

서비스 론칭 전 반드시 해야 할 일은?

Premarket 서비스는 론칭 첫 달에 1만 다운로드를 넘었다(2016년). 오픈에 맞춰 준비한 사전 예약 상품의 소진 속도도 생각보다 빨랐다. 보통 론칭하고 한 달 정도가 지나면 사용자들이 남긴 데이터와 댓글 의견 등을 살피고, 우선순위에 따라 기능 개선을 진행한다. 그런데 "성규님, 이 문의 내용에 대한 답변을 어떻게 해야 할까요?" "우리 배너 사이즈 가이드는 어디 있어요?" "휴가 중에 죄송한데요, 신규 사전 예약 상품 업로드는 어디서 시작하면 될까요?" 등 운영 관련 문의가 기획자인 나에게 쏟아지기 시작했다. 프로젝트 개발과 론칭에 집중한 나머지, 운영 준비에 소홀했는지, 발생하는 모든 이슈는 나를 통하고 있었다.

론칭 초기에는 처음이니까 그럴 수 있다고 생각했다. 하지만 일정 시간이 지나도 동일한 일이 계속되는 것을 보며, 이대로 있다가는 서비스 고도화는 둘째치고 운영 문의 처리만 하다가 하루가 다 가겠다는 생각이 들었다. 이 문제를 해결할 수 있는 방법이 뭐가 있을까 고민하다 매뉴얼이 떠올랐다.

단계별로 작성하기 시작한 《운영 매뉴얼》

같은 일을 적어도 몇 년 이상 해온 사람이라면 '자신만의 방식'이라는 것이 존재한다. 그래서 매뉴얼 대로 일한다는 것이 어찌 보면 무척 어려운 일이기도 하다. 그럼에도 업무를 표준화하고, 누가 와도 이 일을 그대로 이어서 문제없이 하려면 매뉴얼 만한 것이 없다.

나는 팀원들에게 《운영 매뉴얼》이 필요하다는 사실을 전하고 하나씩 정리해나가기 시작했다. 1)서비스 관련 문의 내용을 정리하고 2)반복 정도에 따라 우선순위를 결정했다. 그리고 3)자동화가 가능한 업무가 있는지 4)앞으로 업데이트될 기능이 어떤 것이 있는지도 살펴보았다.

가장 먼저 1)서비스 관련 문의 내용은 개인적으로 가장 중요한 일이라 생각했다. 크게 두 가지 채널로 내용을 수집했다. 하나는 서비스 내 '문의하기'로 올라오는 내용과 앱스토어에 등록된 사용자 리뷰였다. 또 하나는 내부 구성원들이 내게 했던 질문이었다. 어떤 질문이 있는지, 놓친 것은 없는지 확인하는 것이 우선이었다. 예를 들어, 예약 캠페인 등록 방법에 대한 문의가 있었는데, 이에 대한 답변으로 "이미지 + 텍스트로 가이드 작성 예정"이라고 답을 다는 달았다(표 참조). 이를 문의가 들어온 채널별로 정리했다.

채널	내용	답변(또는 참고 내용)
내부	신규 사전 예약 캠페인 등록 방법	이미지 + 텍스트로 가이드 작성 예정
1:1문의	소진 상품에 대한 추가 사전 예약 가능 여부	현재는 불가능, 다음 버전에 개발 및 적용 예정
공통	사전 예약 상품에 대한 구매 가능일 안내	사전 예약 화면 하단에서 확인 가능

두 번째로 2)고객의 반복되는 문의 내용에 따라 우선순위 설정하기는 우선 얼마나 자주 하는 질문인지부터 확인했다. 다만, 빈도만으로 우선순위를 정하는 것이 아니라 현재 대응 가능한 방법을 함께 고려했다. 자주 하는 질문이긴 하지만 해결책이 간단치 않거나 기능 개발이 필요한 개선이라면 후순위로 미룰 수밖에 없었다.

세 번째는 3)업무의 자동화 가능 여부는 할 수만 있다면 꼭 해야 하는 일이었다. 완전 자동화가 되면 좋겠지만 일부라도 자동화가 되어야 일을 줄일 수 있었다. 예를 들어, 정수기 신제품에 대한 사전 예약을 받는다고 해보자. 신청한 회원들에게 쿠폰이 발송되는 날 1:1 문의가 몰린다. 이에 대비하려면 운영팀이 사전 예약 마감일을 알고 있어야 한다. 그런데 캘린더에 캠페인 일정 적는 것을 깜빡하게 되면 한마디로 난리가 난다(매일 다섯 개 이상씩의 상품이 등록되다 보니 간혹 일정을 놓칠 때가 있었다). 날벼락처럼 쏟아지는 문의를 운영팀 혼자서 감당해야 한다. 당시 우리는 슬랙을 쓰고 있었는데, 기획운영팀 채널로 캠페인 상황을 확인할 수 있는 메시지를 매일 아침 자동으로 알려주는 봇을 만들고, 서로 묻지 않아도 오늘 시작되거나 마감되는 캠페인이 무엇이 있는지 확인할 수 있도록 했다.

마지막으로, 4)앞으로 예상되는 업데이트 기능을 미리 살피고 예상 질문을 작성해보았다. 예를 들어, 마감된 캠페인에 앵콜 요청하기를 넣어 재신청이 가능하도록 기능 업데이트한다고 했을 때, 사용자에게 제공해야 할 정보는 무엇이고 자주하는 질문은 어떤 것이 될지 미리 예상해보는 것이었다. 이는 업데이트 때뿐만 아니라 서비스 론칭을 하기 전에도 유용했다. FAQ 작성을 미리 해봄으로써 우리가 놓치고 있는 것은 없는지 론칭 전에 체크해볼 수 있는 것과 같았다.

《운영 매뉴얼》은 기획 관점에서는 내외부의 다양한 문의와 질문을 미리 살펴볼 기회가 되고, 운영 관점에서는 담당자 부재 같은 이슈 발생 시 빠르게 대응할 수 있는 대비책이 된다. 더 나아가 새로 일을 맡은 담당자가 미리 업무를 파악하는 학습 도구로도 쓸 수 있다.

매뉴얼이 완성되었다고 해서 처음부터 잘 작동될 수는 없다. 그래서 주 1회 월요일 주간 회의 시간을 이용해 계속해서 내용을 업데이트하는 과정을 이어갔다. 이런 과정을 거치게 되면 매뉴얼은 점점 완성도가 높아진다.

서비스 기능 변경이나
업데이트를 잘하는 법

기능 업데이트 라이브 전 반드시 챙겨야 할 것은?

서비스가 론칭되고 운영이 시작되면 반드시 거치게 되는 것이 기능 업데이트다. 앞서 얘기한 Premarket 서비스도 약 한 달의 준비 기간을 거쳐 무사히 기능 업데이트를 진행했다. 그런데 추가된 기능에 대한 문의를 운영 담당자가 여전히 내게 확인하는 일이 빈번했다(《운영 매뉴얼》이 있음에도).

처음에는 익숙하지 않은 기능이 새로 추가되었기 때문에 꼼꼼히 확인하려고 그러는 것인가 생각했다. 그런데 이후 마케팅 담당자도 고객사 미팅을 가기 전, 나에게 와서 추가된 기능에 대해 설명해 달라고 요청을 하는 것이 아닌가. 기획 과정에도 참여했고《기획 노트》도 공유하고 업무 참고 요청도 했는데 왜 이런 일이 계속 일어나는 걸까? 의문을 가지지 않을 수 없었다. 그래서 동료에게 좀 더 사정 얘기를 해달라고 했다. 그랬더니 기획 관련 문서나 운영 매뉴얼이 너무 기획자 언어로 되어 있어 마케팅이나 운영 담당자 입장에서 어떻게 활용해야 할지 감을 잡지 못하겠다고 했다.

나는 사용자를 위한 출시가 아니라 우리 모두를 위한 출시라는 기준에서 다시 한번 생각해 보았다. 그리고 무엇을 챙겨야 하는지도 다시 고민했다. 결국, 내부에서 쓸 수 있는

지원 성격의《기능 가이드》가 필요하다는 결론에 이르렀다.

정리해보면 이렇다. 3단 콤보 같은 건데, 먼저 프로젝트 시작에 맞춰《스펙 노트》(1단)를 작성한다. 여기에는 기획 배경과 필요한 기능, 담당자 등을 포함한다. 기술적 문의가 필요한 경우 담당자를 빠르게 찾고, 배경 등을 확인하는 역할을 한다. 프로젝트가 론칭 되면《운영 매뉴얼》(2단)을 통해 사용자 문의 등 운영에 필요한 정보를 확인하고 빠르게 대응하는 데 활용한다. 초기 발생하는 이슈 등도 주기적으로 업데이트 되도록 관리한다. 이후 기능 단위의 개선이 이뤄지면《기능 가이드》(3단)를 통해 언제 어떤 기능이 적용되며 업무별 참고해야 할 내용은 무엇인지 등을 전체 인원이 확인할 수 있도록 한다.

관계자들이 필요로 하는 내용을 정리

《기능 가이드》로 고려해야 할 대상은 크게 마케팅, 고객지원, 세일즈, 개발, 디자인이었다. 이번 기능 업데이트로 인해 영향을 받는 기능이나 화면을 마케팅에서는? 세일즈에서는? 처럼 업무 파트별로 어떤 대응이 필요한지 작성하기 시작했다. 같은 기능이더라도 각 파트 담당자에게 최적화해서 설명하지 않으면 고객(혹은 파트너, 협력사 등)과의 커뮤니케이션에서 엇박자가 날 수 있다. 그래서 문서만 봐도 어떤 내용을 먼저 제안해야 하는지 알기 쉽게 정리해야 했다.

만약 영업자가 대상이 된다면 외부 미팅시 활용할 수 있도록 업데이트 된 기능이 고객에게 어떤 이익을 주는지 설명하고, 마케팅을 대상으로는 기능을 소개하는 콘텐츠 제작, 각각의 홍보 채널에 맞는 콘텐츠는 제작을 어떻게 하면 좋은지 의견을 넣었다. 그리고 타겟에 따라 어떤 메시지가 유용할지도 포함했다. 고객 문의시 기본적인 답변 내용과 이 기능으로 인해 발생 가능한 이슈 등도 미리 생각해보고 시나리오 쓰듯 알려주었다. 디자이너를 상대로는 바뀐 이미지 사이즈가 어떻게 되며, 업데이트 된 상황에서 기존 이미지가 어떻게 출력되는지도 담았다. 이렇듯 각 담당자를 대상으로 맞춤 설명을 이어가야 새로운 기능으로 생겨나는 사용자 경험뿐만 아니라 이후 발생되는 이슈 등에 빠르게 대응할 수 있다. 어떤 요소들이 포함되는지 좀 더 상세히 알아보자.

기능 가이드의 구성

기능 가이드는 1)개요 2)배포 계획 3)기능 안내 4)기능 FAQ 5)담당자 6)참고 문서 등의 순서로 정리한다.

1)개요에는 기능 이름, 배포일, 설명 등이 들어간다. 사용자의 입맛대로 콘텐츠를 저장할 수 있는 컬렉션 기능을 준비했다면 이름은 '컬렉션 기능'이 되고, 배포일은 '2023년 2월 22일', 설명은 '사용자는 콘텐츠 상세 화면에서 북마크 버튼을 통해 컬렉션에 특정 콘텐츠를 저장할 수 있다'가 된다.

2)배포 계획에는 언제, 어떤 시간에 어떤 방법(점진적 배포 등의 옵션이 포함될 수도 있기 때문)으로 공개할 것인지가 포함된다. 배포일은 슬랙 등으로 공유할 수 있지만, 이 문서의 목적은 언제든 확인 가능해야 하므로 배포 계획 역시 상세히 적는다.

3)기능 안내에 관한 내용은 두 가지로 나눠 작성한다. 하나는 기능 추가가 어디에 되었는지 즉, 해당 기능을 어디에서 확인할 수 있는지, 또 하나는 새롭게 추가되는 기능을 사용자에게 알리는 방식을 어떻게 할 것인지이다. 예를 들어

상세 화면 진입 시 팁을 제공하거나, 자주 묻는 질문에 내용을 추가하거나, 앱스토어 스크린샷 변경과 설명 등이 이에 해당한다.

4)FAQ를 가이드에 넣을지 말지 고민한 적도 있지만, FAQ만 따로 정리하는 것보다 문서에 포함된 다른 내용과 함께 보는 것이 전체 흐름 파악에 더 좋다. 그래서 발생 가능한 문제를 미리 확인한다는 관점에서 정리해야 한다.

5)누가 이 기능을 개발하고 업데이트했는지, 개발자는 누구이며 기획자는 누구인지, 가이드 내에 포함하는 것도 필요하다. 회사 규모가 크거나 잦은 개편 등으로 담당자가 계속 바뀔 때 기획과 개발을 한 담당자가 누구인지 알면 대응이 쉽다.

마지막으로 6)참고 문서는 추가로 확인하면 좋은 내용을 정리한다. 실제 화면에 적용된(최종) 디자인 시안을 볼 수 있는 링크, 기능 개발 전 작성한 스펙 노트, 자주 묻는 질문 전체를 확인할 수 있는 링크 등을 포함한다. 이후 마케팅팀에서 작성한 기능 소개 홍보 콘텐츠 등도 추가한다.

《기능 가이드》가 필요한 가장 큰 이유는 우리 각자가 새롭게 추가되는 혹은 변경되는 기능을 어떻게 받아들여야 하는지 관점과 기준이 생긴다는 것에 있다. 그전까지 기획과 개발에만 집중했다면,《기능 가이드》를 통해서는 업데이트 전후 상황을 타 부서 관점에서 고려하는 관점을 가질 수 있다.

처음에는 문서를 만들기 위해 별도의 시간을 투자하고 문서에 넣어야 할 내용의 항목을 잘 잡지 못해 어려움을 겪기도 했지만, 경험이 쌓일수록 점점 더 세부 사항 정리를 어떻게 하면 좋을지 알게 된다. 현재는《스펙 노트》를 출발점으로 그리고《기능 가이드》를 마무리로 생각하며 일한다.

실수를 줄이는 법

기획자의 작은 실수가 개발자나 디자이너의

실수보다 더 치명적인 이유는?

한 번은 온라인 클래스를 예약할 수 있는 상세 화면에서 연관 콘텐츠를 노출하는 기능을 준비한 적 있었다. 함께 살펴보면 좋은 클래스를 추천하는 메뉴였다. 먼저, 노출할 콘텐츠(클래스) 개수를 정하고 노출 기준을 정리하기 시작했다. 기능 업데이트 이후 어떤 데이터를 구체적으로 들여다봐야 사용성 테스트가 가능한지 미리 생각해두었다. 그런데 그 과정에서 생각지도 못한 문제가 발생했다.

디자이너가 발견해서 알려준 사항은 클래스를 대표하는 커버 이미지와 상세 화면에 적용된 연관 클래스의 썸네일 이미지 해상도가 서로 달라 별도로 제작해야 한다는 것이었다. 퍼블리싱까지 완료된 모습을 보니, 해상도가 다른 썸네일은 클래스가 어떤 내용을 담고 있는지 파악하기 어려울 정도였고, 일부가 잘려서 노출되는 예도 있었다. 클래스 커버 이미지를 우리가 직접 제작하던 상황이라 추가 이미지를 제작하게 된다면 디자이너의 업무가 엄청나게 늘어나는 상황이었다. 한마디로 기획자의 실수였다.

부랴부랴 문제를 파악하고 관계자들과 몇 번의 회의를 거쳐 해상도 문제는 잘 해결했지만 예정했던 업데이트 일정보다는 한참이나 늦은 릴리즈가 되고 말았다.

영향을 받는 기능 지표 확인하기

지금은 새로운 서비스를 맡거나 할 때 가장 먼저 하는 일 중 하나가 OS 별로 화면 캡처를 미리 해 두는 것이다. 그리고 필요에 따라 앱 설치 화면에서부터 주요 기능을 사용하는 과정까지도 캡처해 둔다. 그리고 버전별로도 따로 챙겨 둔다. 이렇게 하면 특정 기능을 개발할 때 영향을 받을지도 모르는 화면을 빠르게 찾을 수 있다는 장점이 있다.

앞서 추천 클래스 썸네일 이미지가 제대로 출력되지 못했던 것은 전체 화면을 훑어보지 않고 추가 기능이 붙는 화면만 생각했기 때문이다. 상세화면과 리스트 화면 등 이미지가 쓰이는 곳 전체를 확인했다면 실수하지 않았을 일이다. 그리고 OS에 따라서도 바뀔 수 있다는 것을 명심해야 한다.

현재는 '오버플로우'라는 툴을 주로 활용하는데, 서비스의 실제 화면을 캡처해 흐름을 시각화할 수 있고, 메모도 남길 수 있어 좀 더 간편하게 서비스 플로우를 한눈에 볼 수 있다. 이를 문서화하면 《스펙 노트》에도 활용할 수 있다.

그리고 팀마다 혹은 서비스마다 꾸준히 관리하는 지표가 있다. 그런데 추가되거나 업데이트되는 기능에 따라 중요하게 관리하는 지표가 바뀔 수 있다. 전체적으로는 관리 지표를 재점검해야 하지만, 예상 가능한 변화를 미리 생각해두는 것이 좋다. 앞서 데이터 분석에서 이야기했던 것처럼 가설을 정하고(개인이든 팀 단위든) 이를 예측해보는 것도 좋은 방법이다. 예측한 대로 된다면 미리 생각해둔 지표로 체크하면 되고, 틀렸으면 다음에 좀 더 신중하게 예측하는 숙제를 얻은 것이 된다. 그리고 이를 혼자가 아니라 팀 단위로 하게 되면 집단 지성을 발휘해 좀 더 적절한 관리 지표의 기준을 얻게 된다. 만약 이런 과정을 거치지 않으면, 단순히 기능 단위 분석에만 그쳐 의미 없는 데이터 더미만 갖게 된다.

서비스 사용자도 새로 업데이트되는 기능을 받아들이고 무리 없이 사용하기 위해서는 얼마의 시간이 필요하다. 공지나 안내가 제대로 되지 않으면 사용자가 혼란을 느끼거나 화를 내며 앱을 삭제할 수도 있다. 절대 그런 일이 일어나지 않도록 공지와 자주 묻는 질문 등으로 이 내용을 알리고, 업데이트 이후에는 1:1 문의에도 잘 대응하는 것이 필요하다.

예전에 신규 기능을 업데이트하며 1:1 문의와 FAQ를 별도 메뉴로 제공한 적 있는데, FAQ에 있는 내용을 1:1로 문의하는 경우가 많았다. 이로 인해 운영 담당자 업무의 50% 이상이 답변 작성에 투여되는 문제가 발생했다. 이를 해결하고자 1:1문의와 FAQ를 한 페이지 안에 넣고 문의를 남기기 전 미리 궁금한 점 등을 검색해서 볼 수 있도록 했다. 이런 조치로 1:1문의 비중이 이전보다 40% 이상 줄었다.

그리고 《운영 매뉴얼》 업데이트나 《기능 가이드》 업데이트도 잊지 말아야 한다. 업데이트 준비 단계에서부터 여러 가지 일어날 수 있는 사항을 미리 준비해 둔다면, 운영팀에서 훨씬 빠르게 바뀐 내용에 대해 이해를 하고 운영 리소스를 조정할 수 있다.

서비스를 구성하는 요소는 매우 다양하고 복잡하다. 기획자에게 변수 통제란 바로 일이 물 흐르듯 흘러가도록 하는 것을 말한다. 제공하고자 하는 기능 자체를 잘 설계하는 것도 중요하지만, 사후 관리와 운영은 더 중요하다. 언제나 예상하지 못한 일은 터지게 마련이고, 이를 잘 통제하지 못하면 팀 전체의 일정이나 업무에 많은 영향을 준다는 사실을 꼭 명심해야 한다.

10
공유

해야 할 일을 정하고,
정보와 지식을 관리하는 법

같이 성장하고자 할 때 잊지 않고 해야 할 일은?

Premarket 프로젝트 론칭과 운영이 어느 정도 정리가 되고, 중간중간 기능 업데이트도 무리 없이 진행되었다. 물 흐르듯 아무 문제 없이 운영되는 것 같았지만, 뒷 단의 《백로그》에는 쉴 새 없이 각종 의견들이 쌓여가고 있었다. 서비스가 잘 된다고 해서 이를 대충 보거나 대수롭지 않게 생각하면, 나중에 어떤 폭탄을 맞을지 모른다.

보통 《백로그》에는 팀원의 의견이나 이슈, 사용자 피드백, 기능 개선 등 다양한 성격의 '할 일'이 저장된다. 우리 《백로그》에도 여러 해야 할 일이 계속 업데이트되었는데, 해결한 항목보다 해결해야 할 항목이 터 많았다. 그런데 기록만 있고 구분도 안되고 중복 여부 체크도 쉽지 않았다. 한마디로 관리 기준이 없었다. 구체적 내용 없이 제목만 달랑 있는 것도 많았다. 그러다 보니 수없이 많은 항목들을 보는 것 자체가 하나의 압박이었다.

이대로 가다가는 해야 할 일로 가득 찬 창고가 될 수 있겠다는 생각이 들었다. 그래서 《백로그》에 내용이 등록되는 순간부터 우리가 해당 항목을 확인하고 논의하는 과정까지 다시 한번 점검해보기로 했다. 그러자 보이지 않던 문제들이 하나씩 선명하게 나타나기 시작했다.

우리 팀에 맞는 백로그 관리 방법

가장 먼저, 수많은 백로그들 사이에서 긴급한 것과 그렇지 않은 것을 구분하는 우리만의 방법이 필요했다. 검색을 통해 몇 가지 방법론을 찾았다.

MoSCoW(Must have, Should have, Could have, Will not have 네 가지 기준에 따라 우선순위를 설정), KANO(기본, 만족, 기쁨 이렇게 세 가지 기준으로 우선순위를 설정), RICE(Reach, Impact, Effort, Confidence 네 가지 기준에 따라 우선순위를 설정하는 방법) 등이 있었다. 이 중에서 우리 팀에 가장 잘 맞을 것 같고 난이도가 낮아 보이는 MoSCoW 방법론에 따라 백로그의 기준을 잡기 시작했다.

MoSCoW 방법은 1)Must have(이 기능을 빼고는 서비스 운영을 생각하기 어려운) 2)Should have(우선순위는 높지만 당장 서비스에 영향은 없는) 3)Could have(여유가 있을 때 시도해볼 수 있는, 적용하면 서비스를 더 좋게 만드는) 4)Will not have(중요도가 낮고, 효과가 미미한) 이렇게 네가지 기준으로 우선순위를 결정하는 방식이다. 중요한 일과 긴급한 일을 빨리 구분할 수 있다는 점에서 유용하다.

우선순위를 결정하는 기준이 생겼으니 그동안 쌓여 있던 백로그가 금방 정리될 것 같았지만 그렇지는 않았다. 그동안 쌓인 백로그도 있지만 이를 분류하는 과정에 새로 등록되는 백로그도 계속해서 발생하다 보니 하나를 해결하면 유사한 하나가 또 나타나는 식이었다. 결국 기존에 등록된 내용은 제쳐 두고, 앞으로 등록되는 백로그는 우선순위 기준을 적용해 기록하기로 했다. 네 가지 기준에 따라 리스트를 만들고, 새로운 내용을 등록할 때마다 내부 논의, 사용자 피드백, 내부 아이디어, 버그 등에 따라 라벨을 등록했다. 또 연관 기능, 발생 가능한 이슈, 진행해야 하는 이유 등도 함께 기록했다.

자료 공유, 왜 반응이 없지?

백로그 외에 자료 공유에 대해서도 문제 의식을 갖기 시작했다. 새로운 서비스를 개발하거나 새로운 기능을 추가하고자 할 때 참고 자료와 아이디어 공유는 꼭 필요하다. 우리는 통상 슬랙을 통해서 필요하다 생각하는 자료를 틈틈이 공유했다.

우리가 참고할 만한 서비스는 무엇이 있고, 어떤 방향으로 진화되었는지 그리고 새롭게 등장한 서비스는 없는지 등을 파악해서 관련 자료를 공유했다. 그리고 업무 방법과 관련해 읽어보면 좋을 글이나 서비스에 적용되었으면 하는 아이디어 등도 포함시켰다. 그런데 이렇게 좋은 자료들을 공유하면 동료들이 좋아해 줄거라 생각했는데, 꼭 그렇지는 않았다. 주간 회의를 진행하며 "얼마 전 공유한 자료 기억나세요?" 또는 "제가 공유한 아이디에 대해 조금 더 이야기 나눠볼 수 있을까요?"라고 의견을 던지면 대부분 "바빠서 보지 못했어요." "언제요? 슬랙에요?"라는 식의 반응만 보였다.

이래서는 안 되겠다 싶어, 지금까지 여러 경로로 공유한 자료들을 다시 살펴보았다. 댓글 같은 의견이 등록된 경우는 많지 않았다. 그리고 새로 올라오는 다른 글에 파묻혀 그냥 넘어간 것도 많았다. URL로만 공유되는 자료도 많았는데, 클릭해보지 않는 이상 어떤 내용이 있는지, 왜 공유했는지 모르는 사람이 많겠구나 싶었다. 심지어 한 번 공유한 URL 을 다시 공유한 적도 여러번 있었다. 별도의 형식을 갖춰서 공유하는 것이 아니다 보니 정작 필요할 때 찾아보기 어렵다 는 문제도 있었다.

공유 방법을 바꿔보기

공유에만 의미를 둔 점, 공유 자료를 별도로 관리하지 않 은 점이 가장 큰 문제였다. 기존처럼 슬랙 등의 메신저로 그 때 그때 필요한 자료는 공유하되, 방법을 바꿔 보기로 했다. 즉, 링크만 공유하던 것에서 공유 목적과 이를 어떻게 활용 할 수 있는지 개인 의견을 덧붙이기로 했다. 그리고 자료를 받거나 확인하는 사람 입장에서 무엇이 더 필요하고 편리한 지도 생각했다. 공유하는 내용에 대한 간략한 요약과 이유는 팀과 서비스를 위한 정보이자, 서로의 생각과 의견이 붙는 출발점이었다.

이렇게 한동안 했더니 공유된 지식과 정보를 동료들이 빠 르게 흡수하는 게 보였고, 동료들도 자료 공유시 좀 더 친절하게 각각의 항목을 잘 정리해서 공유했다. 덕분에 커뮤니케이션 효율이 높아진 것은 물론이고, 팀원들이 어떤 생각을 하는지 이해하는 것에도 도움이 되었다. 그리고 공유한 자료는 언제든 다시 꺼내 볼 수 있고 업무에 구체적으로 적용할 수 있게《팀 기획 노트》에 정리하는 작업도 잊지 않고 계속했다. 슬랙을 이용한 공유는 마치 채팅처럼 공유되다 보니 놓치기 쉽다는 문제가 있어 이후에는《팀 기획 노트》에 먼저 내용을 적고, 이를 다시 링크로 슬랙에 공유하는 방식을 사용했다.

백로그를 관리하는 일 그리고 업무에 필요한 자료를 정리하고 공유하는 일은 함께 일하는 팀원들에게 어떤 식으로든 도움이 되겠다는 기획자의 역할이다. PM 역할을 하는 기획자라면 더더욱 이 부분을 신경써야 한다.

쌓여만 가고 아무도 보지 않거나 해석에 별도의 수고가 필요한 자료라면 기록을 남기고 공유를 해봐도 아무 소용이 없다. 특히 백로그의 경우 누가, 어떤 문제, 어떻게 해결, 언제까지, 이로 인해 얻는 우리의 이익 등이 명확히 기술되어야 백로그로서의 의미가 산다. 자료 공유는 이렇게까지 못하더라도 어떤 이유로 이 자료가 공유되는지, 어떻게 활용 가능한지 정도는 미리 밝혀두는 것이 좋다.

백로그 관리와 자료 공유 두 가지 항목만으로도 우리 팀의 역량은 두 배 세 배 업그레이드 될 수 있다. 백로그 관리도 결국 전체를 들여다보는 기획자로부터 시작된다는 점을 잊지 말아야 한다.

더 나아짐에 목표를 둔 회고

우리에게 잘 맞는 회고 방법은?

회고는 '함께' 또는 '개인' 단위로 했던 일을 되돌아보고, 더 나은 방법은 없었는지 고민한 다음, 이를 일종의 배움으로 전환하는 것을 말한다.

나는 회고의 중요성을 창업 때부터 잘 알고 있었다. 창업 때에는 배운 점을 쓰고 이를 어떻게 활용할지 고민하고 다시 팀원들의 피드백을 받아 덧붙이는 과정으로 주 1회 회고를 진행했다. 스물다섯 아무것도 몰랐던 대표와 이제 막 첫발을 내디딘 창업 동료들에게 배움의 즐거움만큼 동기 부여가 잘 되는 것도 없었다. 그런데 이직을 거친 회사에서는 회고가 생산적으로 활용되지 않았다. 모두가 형식적으로 회고에 임한다는 생각이 들었다. 그러나 이를 개선하고자 한다면 오랫동안 내려온 조직의 습관을 바꾸는 일이라 결코 쉬운 일이 아니었다. 그래서 일단은 우리의 장점이라고 회고되는 것만큼이라도 더 잘할 수 있도록 해야겠다는 생각을 했다. 때마침 선수들에게 잘못 플레이한 화면이 아니라 잘하는 장면을 계속 보여주는 것이 더 도움이 된다는 톰 랜들리 코치(미국 프로미식축구팀 댈러스 카우보이스)의 이야기를 듣고서 우리 회고 방식에도 적용할 수 있겠다는 생각이 들었다.

하지만 잘하는 것을 더 잘하기 위한 회고조차도 피상적이고 형식적으로 흘렀다. 좋았다, 좋지 않았다 정도의 평가만 있었고, 잘 해왔으니 앞으로 계속 더 잘해보자가 전부였다. 구체적인 상황이나 사례를 기반으로 회고가 진행되어야 다음 주제로 논의가 이어지는데 그러지를 못했다. 공감대(창업 때의 '배움' 같은)가 형성되지 않는다면 팀 단위 회고는 더이상 무의미해 보였다.

회고의 이유를 다시 한번 생각하기

지금까지 회고에서 나온 이야기를 쭉 한 번 다시 살펴보았다. 입사 후 처음 작성한 회고 문서부터 최근에 작성한 것까지 겹치는 것이 무척 많았다. 우리가 해결하지 못한 문제가 많다는 것을 의미했다. 그리고 이렇게 중복되는 내용이 언제부터 쌓이기 시작했는지도 체크했다.

가장 반복되는 항목으로 QA(개발한 서비스의 에러나 문제가 없는지 검증하는) 관련 이슈가 많았다. 당시 QA 엔지니어가 별도로 없어서 기획자인 나와 운영 담당자가 0.5명씩 1명 분을 담당하고 있었는데, 서로 진행한 테스트 내용이 잘 공유되지 않아 진행 상황이 종종 누락되고 있었다. 문서 업데이트나 5분 미팅 때마다 매번 언급되던 문제였고 담당자를 추가 채용해야 한다 등의 여러 방안이 제시되었지만 2개월 넘게 딱히 이렇다 할 만한 해결책을 못 내고 있었다. 그런데 이런 게 한두 개가 아니었다. 나열해보니 두 번 이상 회고 시간마다 나온 내용이 10개가 넘었다. 그리고 프로덕트와 관련된 내용인지, 업무 방법에 대한 내용인지 구분이 뚜렷하지 않은 것도 많았다.

왜 회고가 형식적으로 흐르고 발견한 문제도 제대로 해결이 안 되는 걸까? 회고를 방해하는 요소를 따져보았다. 문제마다 어떻게 하면 좋겠다는 의견은 제시되었지만, 해결로 이어지지 못한 것은 결국 담당자가 명확하지 않아서였다. 즉, '무엇에' 대한 답은 찾았지만 '누가, 언제' 이를 해결할 것인지를 정하지 못한 채 넘어가는 것이 많았다.

다시 질문을 해보았다. 1)우리에게 회고는 어떤 의미인지 2)지금까지 우리가 진행한 회고에서 중복된 내용은 무엇인지 3)회고를 했음에도 문제 해결이 안 되는 이유는 무엇인지 다시 한번 자문해보았다.

우리에게 잘 맞는 회고 방법 찾기

회고의 의미에 대해서 가장 많이 언급된 내용은 성장과 배움이었다. 모두 회고가 배움과 성장의 시간이 되도록 하자고 입을 모았다. 그리고 검색을 하거나 주변 기획자에게 물어봐서 회고에 필요한 양식과 방법 등을 추천받았다.

여러 방법 중 우리에게 가장 적합한 것은 4L(Liked, Lacked, Learned, Longed for)이었다. 좋았던 점, 부족하거나 아쉬운 점, 배운 점을 확인하는 방법으로 여기에 '앞으로 ~을 할 것이다'를 만들어 개선 방향을 뽑는 것까지도 포함된다. 다음으로 회고 시간에 다뤄야 할 문제도 생각해보았다. 회고를 통해 언급되는 문제의 범위는 꽤 다양했다. 기존에는 이를 따로 구분하지 않아 실제 업무로 이어지는 과정이 매끄럽지 못했다. 그래서 크게 프로덕트, 프로세스, 기타 이렇게 세 가지 분류 기준을 세우고 이를 구분하기로 했다. 프로덕트는 서비스 기능 개선, 프로세스는 커뮤니케이션 방법, 기타에는 채용 및 퇴사 등이 포함되었다.

문제를 정의한 다음 지금까지는 어떻게 해결하면 좋을까?
만 생각했다면, 이번에는 언제 어떻게 진행할 것이며 향후
개선되는 상황은 어떻게 측정할 것인지 그리고 일정과 담당
자까지 정하기로 했다. 그리고 우선순위도 정했다.

회고 방법을 개선하고 시행할 때마다 점점 팀에 녹아들고
이전과 확연히 달라지고 있다는 것을 느낄 수 있었다. 이후 분
기별로 회고를 종합하는 시간을 추가했다. 중복되는 내용이
방치되지 않도록 하자는 것도 있었지만, 개인적으로는 얼마
나 많은 것을 배우고 개선했는지 확인하자는 목적도 있었다.

회고는 이제 IT 업계를 대표하는 하나의 문화가 되었다.
하지만 중요한 것은 남들이 많이 쓰는 방법을 활용하는 것이
아니라 우리에게 맞는 방법을 찾는 것이다. 남들이 하니까,
해야 하니까 하는 회고가 아니라 모두가 스스로 참여하고 배
울 방법으로 회고가 활용될 때 그 의미도 제대로 살릴 수 있
다. 그럴때 모두가 이구동성으로 말한 '성장'과 '배움'의 역할
로 회고가 작동될 수 있다.

제안서 작성이 쉬워지는 법

제안서 작성을 시작할 때 빈 문서부터

생성하면 안 되는 이유는?

스타트업에서 일하다 보면 '불확실성'이라는 단어가 늘 따라다닌다. 나에게 이 단어는 두려움 보다 더 잘 해야 한다는 결심에 가깝다. 그런데 그런 상황에서 가장 두려웠던 일은 부사수이자 팀원을 맞이하는 일이었다. 연차상 누군가에게 일하는 방법을 알려주고 가르쳐야 할 때도 되었지만 나는 아직도 불확실성 사이를 헤매고 있는 것 같았다. 그러다 2018년 드디어(?) 부사수를 맞이하게 되었다. 세 번째 스타트업 오지큐에서 근무하던 때였다. 두렵기도 했지만 후배에게 많은 것을 알려주고 싶기도 했다.

하루는 후배에게 본인 시각에서 서비스를 이해하고 분석하는 기회가 될 수 있겠다는 생각으로 서비스 소개서를 한 번 써보면 어떻겠냐고 제안을 했다. "한 번 해볼게요"라며 자신 있게 대답한 부사수는 몇 시간이 지나도 대답과 다르게 별로 진척이 없는 듯했다. 슬쩍 자리로 가서 진행이 어떤지 물어보았다. 파워포인트를 열고 제목까지는 작성했지만 더 이상의 진전은 없다고 했다. 입사할 때 포트폴리오와 함께 첨부했던 여러 제안서가 꽤 논리적이고 촘촘했던 친구라 아무것도 하지 못하고 있다는 것이 이해가 되지 않았다.

함께 점심을 먹으며 어떤 상황인지 좀 더 얘기를 들어보았다. 지금까지는 본인이 만들거나 담당했던, 이미 잘 알고 있던 것에 대해 작성하는거라 어렵지 않았는데, 아직 서비스 이해가 부족한 상태에서 제안서를 쓰려니 막막하다고 했다. 그런데 얘기를 좀 더 들어보니, 이미 꽤 구체적인 아이디어를 갖고 있었다. 다만, 이를 문서로 풀지 못하고 있을 뿐이었다.

평소에 문서 작성을 어떻게 하는지 물어보았다. 후배는 일단 생각나는 내용을 먼저 써내려 간다고 했다. 그런 다음 순서를 바로잡고 살을 붙인다고 했다. 나는 머릿속에 있는 내용이지만 무턱대고 작성하는 것보다, 검토의 과정이 더해지면 좋겠다고 말했다. 사실 나도 예전에 많이 놓쳤던 사항이었다. 나는 내가 배웠던 내용, 또 내 나름대로 알게 된 내용을 후배에게 들려주었다. 제안서 작성을 위해 내가 활용하는 몇 가지 팁이었다.

제안서 작성을 위한 팁

인턴 시절, 나에게 일을 가르쳐준 사수는 문서부터 생성하지 말라고 했다. 문서가 열리는 순간, 무언가 작성하고 채워야 한다는 강박감이 생길 수 있다는 이유에서였다.

문서를 생성하게 되면 순간 무언가 형식에 맞춰 써야 한다는 생각이 앞서게 되고 디자인 작업을 하는 등 당장 필요 없는 일에 시간을 뺏기게 된다. 개인적으로는 열심히 내용 정리를 했는데, 정부 기관으로 전달할 문서라는 것을 뒤늦게 확인하고 부랴부랴 한글 파일로 옮긴 경험도 있다. 문서의 핵심은 포맷이나 디자인이 아니라 나와 우리가 하고자 하는 이야기를 최종적으로 써내려 가는 공간임을 잊어서는 안 된다.

문서를 먼저 생성하지 말아야 하는 이유는 또 있다. 내용을 구체화하기 위해서는 각종 자료 조사를 하게 되는데, 자칫 비효율적인 리서치로 이어질 수 있어서다. 리서치 할 항목이 정해지지 않은 상황에서 내용을 채우기 위한 자료부터 서치한다면 필시 나중에 필요 없는 정보, 삭제해야 할 정보까지 열심히 찾아두는 꼴이 될 수 있다.

제안서는 쓰는 이유가 무엇인지, 누가 최종적으로 보게 되는지, 메일이나 미팅 등으로 미리 논의된 내용은 없는지 등을 꼭 확인하고 시작해야 한다. 이런 내용은 제안서 작성의 목적을 잊지 않게 하는 최소한의 기준이 된다. 그리고 상대방으로 하여금 시간을 투자해 읽어야 하는 이유와 공감을 만들어 준다.

어떻게 써야 할지 방향이 어느 정도 잡혔다면, 같이 일하는 동료나 상사로부터 내부 피드백을 먼저 받는 것도 좋다. 피드백까지 받고 나면 제안서의 기본 뼈대(목차)가 만들어진다. 그리고 피드백 받은 내용은 포스트잇으로 메모한 후 잘 보이는 곳에 붙여 두고 계속 확인하며 문서 작업을 한다. 나는 최근 목차 잡기를 위해 질문 방식을 써보고 있다. 문제 해결에 관한 내용이라면 "문제 해결 방법"이라고 적는 것 보다 "우리가 이 문제를 해결할 수 있는 방법은?"처럼 질문형으로 바꿔보는 것이 내용 구상에도 훨씬 좋다.

목차 작성이 끝났다면 그동안 작성한 내용을 가지고서 차례대로 훑어본다. 개인적으로는 이 시간이 가장 중요하다고 생각한다. 논리와 흐름을 한 눈에 살펴볼 수 있기 때문이다. 잘 작성된 목차는 읽었을 때 어색함이 없다. 억지스럽게 들어간 항목은 없는지 상대방에게 이야기하듯(발표하듯) 쭉 읽어보면 쉽게 판별이 된다.

다음은 자료 찾기를 할 차례다. 아직까지는 문서 작성 단계가 아니다. 질문에 대한 답을 구체적으로 작성한다는 생각으로 자료부터 찾는다. 자료는 내부에서 외부로 향하는 것이 좋다. 팀에서 자주 들여다보는 데이터(지표)나 내부에서 볼 수 있는 자료를 먼저 확인한 후, 추가로 필요한 내용을 외부 검색을 통해 찾아본다. 자료를 정리할 때는 출처와 발행 일을 함께 표기한다.

드디어 빈 문서를 열고 작성을 시작한다. 예전에는 하고 싶은 이야기를 최대한 욱여넣는 일을 많이 했다. 그런데 결과적으로 미팅에서 제대로 쓰지도 못하고 결국에는 다시 한두 줄 요약하는 일을 반복했다. 실제로 창업 초기 내가 만들었던 제안서는 몇 번의 미팅을 거치다 보면 기존 분량에서 1/3수준으로 줄어드는 경우가 많았다. 그래서 내용의 우선순위를 파악해 분량을 조절하는 과정이 중요하다. 덜어내는 것이 많을수록 하고자 하는 이야기는 더욱 선명해진다는 사실을 잊어서는 안 된다.

완성된 문서는 내부 피드백을 한 번 더 받는다. 내용을 모르는 분이라면 미리 제안서 작성 이유 등을 알려주고 검토할 수 있는 시간을 충분히 주는 게 좋다.

지금까지의 경험을 잘 종합해보면 무턱대고 작성에 들어가는 것보다 충분한 고민을 하고 앞서 얘기한 대로 뼈대를 튼튼히 세운 다음 살을 붙이는 방식이 유용하다(이렇게 하는 것이 오히려 시간을 줄여주는 방법이다).

기획자에게 다양한 종류의 문서 작성은 빈도 높은 일 중 하나다. 그리고 하나의 글쓰기와도 같다. 이번 글을 통해 나는 어떤 식으로 제안서(문서) 작성을 하고 있는지, 비효율적인 단계는 없는지 스스로 생각해보는 계기가 되었으면 좋겠다.

혼란을 초래하지 않는
커뮤니케이션

1:1 커뮤니케이션을 지양해야 하는 이유는?

나는 오지큐에서 2년을 근무하고 일루미나리안이라는 회사로 다시 이직을 하게 되었다(네 번째 스타트업). 주 4일 근무에 직원 전부가 재택으로 일하는 문화를 가진 곳이라 회사를 옮김과 동시에 비대면으로 업무를 시작했다.

비대면 업무의 맹점 중 하나가 커뮤니케이션의 어려움이다. 그나마 줌 같은 서비스가 코로나19 이후 활성화 되면서 이를 이용해 회의나 미팅하기를 이제는 누구나 어렵지 않게 한다. 하지만 이런 비대면 방식의 소통에서도 주의해야 할 것이 있다. 바로 1:1 커뮤니케이션 상황이다.

왜 1:1이 문제일까? 공개된 공간이 아닌, 단 두 사람이 폐쇄적인 공간에서 진행되는 대화는 두 사람 사이에서 논의된 내용이 전체를 향해 제대로 전달이 되지 않을 경우, 일정이 꼬이거나 나중에 서로 딴소리하는 문제가 발생하기 때문이다. 몇 가지 예시 상황을 살펴보자.

상황 1)

- [디자이너] ○○님, ○○님이 말씀하신 웹사이트 얘기 들었어요?

- [기획자] 지금 기획 단계이고 지난주에 기본 논의를 바탕으로 공유했는데요? 그거 말씀하시는 거죠?

- [디자이너] 네? 아뇨. 서비스 소개를 위한 별도 웹사이트 말인데요?

- [기획자] 그래요? 저는 처음 듣는 이야기인데... 제가 다시 확인해볼게요!

- [디자이너] 네, 우선 디자인팀에서는 레퍼런스 확인 어제부터 시작했으니 참고해주세요.

(((잠시 확인 중)))

- [기획자] 확인해보니, 지난주 리뷰 진행한 내용 중 회사소개 페이지에 관한 내용이네요. 기능 정의에 포함된 내용입니다.

- [디자이너] 아, 별도 웹사이트라고 이해했는데... 네, 알겠습니다.

(((얼마 뒤)))

- [기획자] 혹시, 오늘까지 진행하기로 한 레퍼런스는 정리되었을까요?

- [디자이너] 지금 다시 작업 중입니다. 아까 말씀드렸던 (별도 웹사이트 구축으로 이해한) 레퍼런스 찾기는 필요 없게 되어 다시 처음부터 하다 보니...

- [기획자] 네, 그럼 내일까지 꼭 정리 부탁드립니다.

프로젝트에 참여 멤버들이 모여 있는 메신저 그룹(채널)이 별도로 존재하는 상황에서 디자이너와 개발자가 1:1로 커뮤니케이션을 진행하고, 기획자에게 다시 1:1로 논의 내용을 전달하는 경우다. 결과적으로 기획자는 순식간에 일정을 조정해야 하는 상황에 빠졌고, 디자이너는 안 해도 될 일을 하게 되었다. 모두가 모여 있는 공간에서 대화를 나눴다면, 다른 웹사이트가 아닌 동일한 웹사이트라는 점을 빠르게 인지하고(내가 틀리게 인지하더라도, 누군가 교정을 바로 해주게 된다) 정해진 일정에 따라 업무를 진행했을 것이다. 그리고 업무 단위 논의 시 명칭을 애매하게 지정하는 기획자의 잘못도 없었을 것이다. 한 가지 상황을 더 살펴보자.

상황 2)

- [개발자A] ○○님, A 기능에 대한 내용이 수정되어야 할 것 같아서요.

- [기획자] 이전 논의 내용에서 변경된 점이 있나요?

- [개발자A] 네, 공유해주신 문서를 보고 개발팀과 논의했는데 수정이 필요하다는 결론이 났어요.

- [기획자] 네, 어떤 부분인가요?

- [개발자A] 회원가입 시 입력한 정보를 원래 사용자 기기에 저장하려고 했는데, 서버에 저장 후 확인하는 과정이 필요할 것 같아요.

- [기획자] 그럼, 사용자를 위한 별도 안내가 필요하겠네요? 그 부분 제가 기문서에 업데이트하겠습니다.

- [개발자A] 네, 감사합니다.

(((다음 날)))

- [기획자] 수정된 문서 공유드립니다.

- [개발자B] 어? 이거 왜 내용이 바뀐 거죠? 어제 논의와 다른 데요?

- [기획자] ??? 네 ??? 오늘 개발팀 논의가 별도로 있었다고

들었는데요?

 - [개발자B] 아, 그거 개발 리뷰 전에 논의한 거라 어제 논의가 최신 내용이 맞습니다.

 - [개발자A] 제가 문서에 기입된 날짜를 잘못 봐서 헷갈렸어요. 죄송합니다.

 - [기획자] 그럼, 이전 문서로 다시 확인해주세요. 지금 공유한 문서는 버전을 삭제하겠습니다.

 - [개발팀] 네, 알겠습니다.

결과적으로 기획자는 안 해도 될 일을 했다. 그러면서 일정 역시 수정이 필요하게 되었다. 기획자와 개발자의 논의 시기가 최종 리뷰 앞에 있었다는 점을 놓쳤고, 이 때문에 끝난 문서를 다시 수정하게 되었다. 이 내용 역시 1:1 방식이 아니라 공통 채널에 등록되었다면 불필요한 문서 수정을 안 해도 됐을 것이다.

진행 상황 파악이 덜 된 상태에서 1:1 메시지를 주고받게 되면, 마치 더 중요한 메시지로 해석해 그 자리에서 결정하고 업무가 진행될 때가 있다. 그랬다가 나중에서야 다 같이 결정한 사항이 아니라며 다시 뒤집는 일이 발생한다.

여러 사람이 함께 커뮤니케이션 하는 과정이 혼란스럽고, 나와 직접적으로 연관되지도 않는데 굳이 내가 논의에 참여해야 하나 싶은 생각이 들 때도 있지만, 득보다 실이 많기 때문에 그룹 대화나 공유 문서 등을 꼼꼼히 살피고 1:1 대화는 지양해야 한다. 1:1 대화를 지양을 해야하는 이유, 좀 더 자세히 살펴보자.

1:1 커뮤니케이션을 하면 안 되는 이유

첫 번째 이유는 서로의 이해 수준에 대해 실시간으로 파악하기 어렵기 때문이다. '이해'란 동기화와 밀접하게 연결되어 있다. 프로젝트를 같이 하고 여러 툴을 함께 쓴다 해도 이해는 항상 다를 수밖에 없다. 게다가 프로젝트 중간에 합류한 팀원이라면 아무리 문서 정리를 잘해도 모든 내용을 한 번에 따라가기가 힘들다. 이런 상황에서 1:1 커뮤니케이션을 진행하게 되면(특히 업무와 밀접한 내용이라면 더더욱) 앞뒤 맥락을 알고자 별도의 시간을 할애하거나 여러 문서를 다시 열어 봐야 하는 문제가 발생한다. 그리고 열린 공간에서는 내가 잘못 인지하고 있는 내용이 있다면 누군가 빠르게 바로잡아 줄 수 있다. 하지만 1:1 대화에서는 정보가 부족한 사람이 전달받은 내용을 그대로 흡수할 가능성이 높다. 그러다 틀린 내용이 팀 전체로 퍼지게 되면 일이 커지게 된다. 프로젝트 진행 상황을 모두가 잘 알고 있는데 굳이 모두에게 알림이 가는 곳에서 이야기할 필요가 있을까 생각할 수도 있지만, 사람의 기억이 항상 체계적이고 완벽하지는 않기 때문에 가능한 모두가 참여하는 공간에서 대화하는 것이 가장 좋다.

두 번째 이유는 한 주제를 가지고서 다시 논의하는 상황을 줄이기 위해서다. 1:1 대화에서의 결정은 언제나 확정이 아니라는 생각을 하는 것이 좋다. 둘이서 내용을 어느 정도 잘 매듭지었다 하더라도 누군가는 다르게 생각할 수도 있고, 이는 또 다른 '미팅'으로 이어질 수도 있다. 게다가 여러 명과 1:1로 대화를 진행하면 수많은 버전이 만들어진다. 비대면 근무처럼 같이 이야기하는 환경이 마련되기 어려우면 대화별로 내용을 정리하고 확인해야 하는 것은 물론이고, 의견을 전체로 취합해 결정하기까지 오랜 시간이 걸릴 수도 있다.

1:1 대화를 피해야 하는 마지막 세 번째 이유는 내가 모르는 상황을 만들지 않도록 하기 위함이다. 가장 우려되는 일이다. 기획자나 프로덕트 매니저가 모르는 상태에서 프로젝트와 관련해서 인원과 시간이 투입되는 상황이 생긴다면 어떻게 될까? 더군다나 이게 실제로 기능 공개로 이어진다면? 아주 큰 일이 된다.

주니어 멘토링 프로그램에 참여하면서 가장 많이 듣게 되는 질문 역시 커뮤니케이션 관련이다. 그중에서도 동시다발적으로 이뤄지는 개인 간 커뮤니케이션에 관한 내용이 많다. 1:1 대화 자체를 피해야 한다는 이야기는 아니다. 하지만 1:1 커뮤니케이션에도 일정한 기준이 필요하며, 그 기준은 철저히 '팀과 프로젝트의 관점에서' 생성되어야 한다. 난 그러지 않는다고 생각하겠지만, 생각보다 많은 메시지가 1:1로 오간다. 그리고 비슷한 오해를 불러일으키며 내부 분란을 만든다.

공유되지 않은 상황에서 누군가 "지난번 논의 때 이렇게 결정하지 않았어요?"라고 말하게 되면, 그 순간 모든 책임은 기획자 한 명에게 쏠리게 된다. 기획자는 이런 일이 발생하지 않도록 조정하는 것도 주요 업무라는 것을 잊어서는 안된다.

    지금까지(1부) 개인적인 창업부터 시작해서 총 네 번의 회사를 거치면서(위자드웍스 - 오드엠 - 오지큐 - 일루미나리안) IT 기획자로서 내가 했던 여러 가지 일과 그 과정에서 내가 만들고 갖게 된 노트(또는 정리 문서)와 습관 등을 살펴보았다. 이후 키노라이츠(2023년 현재 근무 중)에서 프로덕트 매니저로 일하기 까지 10년이라는 기간 동안 IT 기획자와 PM으로 역할을 다해왔다. 이직이 좀 잦았다고 볼 수도 있지만 스타트업에서 생존하고 이 일을 계속하기 위해 누구보다 성실하게 살았다.

    나처럼 IT 스타트업에서 기획자로 일하고 있다면 이 내용이 그리 새삼스러울 것도 없다. 기획자는 끊임없이 생각하고 정리하고 기록하고 이를 다시 공유하는 절차를 통해 스스로는 물론이고 같이 일하는 팀원들과 함께 다양한 업무 스킬을 익혀야 한다. 그러기 위해서는 여러 가지 장치와 커뮤니케이션 기술이 필요한데, 이때 필요한 문서들이 바로 앞서 얘기한 《배움 노트》《기획 노트》《스펙노트》《기능 가이드》《백로그》《회고 노트》등이다.

다음 글부터는 IT 기획자로 성장과 배움을 계속 이어나가기 위해 꼭 필요한 도구 몇 가지를 정리해보았다. 그리고 개인적으로는 사이드 프로젝트로 시작한 블로그 미디어《지금 써보러 갑니다》를 어떻게 시작하게 되었고 이를 통해 얻게 된 것이 무엇인지도 설명하고자 했다.

2부

기획자의 성장 도구

성장의 갈증을 없애는 방법

사이드 프로젝트를 할 때 주의해야 할 점은?

스타트업에서 기획자로 때로는 PM으로 일하며 지금까지도 사라지지 않는 갈증 중 하나는 지금 하고 있는 일을 어떻게 하면 더 잘할 수 있을까 하는 고민이다. 이에 대해 나는 '기록'과 '정리'라는 방식으로 끊임없이 나를 단련시켰다. 하지만 이것이 전부는 아니듯, 나는 실행과 경험이 바탕이 되는 역량 개발을 꿈꿨다. 그때 떠오른 것이 대학 때의 경험이었다. 대학 때 나는 공모전과 취업과 연관되는 대외 활동에 적극적이었는데, 대외 활동은 아주 일부지만 실무를 간접적으로 경험해볼 수 있다는 점에서 그리고 공모전은 학교에서 배운 다양한 스킬을 여러 사람들로부터 검증 받는다는 점에서 도움이 되었다.

새로운 도전으로 활력을 되찾고 내 실력을 확장한다는 점에서는 나만의 새로운 프로젝트가 필요했다. 이때만 해도 지금처럼 사이드 잡, 사이드 프로젝트, 토이 프로젝트와 같은 말을 자주 접하기 어렵던 시기였다.

나를 위한 사이드 프로젝트

시작 동기는 명확했다. '필요에 의한 시작' 그리고 '배움'이었다. 그리고 그렇게 시작한 것이 바로 《지금 써보러 갑니다》였다(icunow.co.kr). 2015년 시작한 1인 미디어 《지금 써보러 갑니다》는 나의 대표적인 사이드 프로젝트 중 하나로 스스로의 부족함을 채우고 싶은 마음에서 시작한 블로그형 미디어였다.

위자드웍스에서 일할 때부터 여러 해외 서비스를 분석하며 업무에 참고할 만한 내용을 개인 노트에 정리하고 팀 내에 공유하는 습관을 들였는데, 나와 비슷한 일을 하는 다른 기획자들도 함께 보면 좋겠다는 생각을 했다. 당시에는 지금처럼 서비스 분석을 다채롭게 제공하는 미디어나 커뮤니티 등이 많지 않아 목마른 사람이 우물을 판다고, 페이스북 페이지(페이지 개설 이름도 '지금 써보러 갑니다'이다)를 개설하고 하나둘 메모한 내용을 업로드 하는 일부터 시작했다.

창업 시절부터 스타트업 몇 곳을 거치면서 서비스 론칭의 경험은 여러 번 했지만, 기획자로서 더 나은 서비스에 대한 앎의 고픔은 항상 있을 수밖에 없었다. 더군다나 유명 기업에 근무하는 것도 아니고 유명 서비스를 담당하는 것도 아니었기 때문에 최고를 경험하고 싶다는 점에서 항상 갈증이 있었다.

처음에는 페이스북에 하루 한 개 정도로 해외 서비스 소개를 카드 뉴스로 제작하고 공유를 했다. 출근길에 살펴본 서비스를 쉬는 시간에 틈틈이 써본 뒤 소개하는 방식이었다. 단순 소개 정도에 지나지 않았지만, 분석에 꼭 필요한 질문을 정하고 이에 답하는 글쓰기를 했다. 그러다 구독자(좋아요)가 조금씩 생겨나자, 페이스북 광고에 대해서도 배우면 좋겠다는 생각으로 소액으로 타겟 광고를 돌리며 구독자를 늘여갔다. 그러다 팬이 5,000명을 넘어서자 채널 확장을 하고 싶었다. 그리고 설치형 블로그를 공부하고 싶은 생각에 블로그형 미디어인 워드프레스를 이용해 별도 웹사이트를 만들었다(2017년). 지금 떠오르는 핫한 앱을 소개하고, 직접 사용해본 분석 글을 하나씩 포스팅했다.

이렇게 시작한 사이드 프로젝트로 그동안 했던 일을 정리해보면 다음과 같다. 각각의 활동들이 어떻게 IT 기획자로의 성장과 배움에 도움을 주었는지 알 수 있다.

1)혼자만 알고 있기에는 아쉬운 앱 소개(개인 노트에 정리한 내용을 활용) 2)페이스북 페이지 개설 3)페이스북 페이지 광고 집행(SNS 채널에 대한 이해력 넓히기) 4)워드프레스 공부, 서비스 사이트 제작 개설(직접 관리 가능한 작은 서비스 만들기) 5)애드센스 포함 광고 제작 운영(수익화 시도) 6)검색엔진 최적화 진행(방문자 유입 다각화) 7)IT 관련 미디어와의 제휴(콘텐츠 재활용) 8)페이스북 그룹 개설(즐겨보는 분들과 네트워크 만들기) 9)뉴스레터 제작 및 발행(콘텐츠 재활용 추가)

혼자만 알고 있기 아쉬운 서비스를 다른 기획자들과 함께 공유하자, 라는 마음으로 시작한 사이드 프로젝트는 현재 점점 발전해 다양한 곳과 콘텐츠 제휴까지 하면서 방문자들에게 지식과 정보, 인사이트를 제공하고 있다. 이 같은 일련의 과정은 업무 과정에서 느낀 배움의 갈증을 조금씩 해소하며 어떤 단계를 거쳐야 영향력 있는 미디어가 될 수 있는지 소중한 경험을 하도록 해주었다.

사이드 프로젝트를 잘 하려면

《지금 써보러 갑니다》를 운영하며 잊지 않고자 했던 것은 '욕심내지 말자'였다. 사이드로 진행하는 것인 만큼 하루 중 많은 시간을 투자할 수도 없고 자칫 높은 목표 때문에 금방 지칠 수도 있어서였다. 그래서 작은 것부터 하나씩 긍정적인 경험 쌓기를 중요하게 생각했다. 페이스북을 처음 개설하며 설정한 목표도 페이지 인사이트를 볼 수 있는 팬 100명을 한 달 동안 만드는 것이었다. 대단한 목표가 아니라 필요에 의한 배움에 초점을 맞춘 수치였다.

누구나 처음에는 회사에서는 만들 수 없는 앱 하지만 우리에게 꼭 필요한 서비스를 만들자, 라고 시작할 수도 있고 나의 기획, 디자인, 개발 등의 실력을 더 좋은 곳에 활용하고 싶어, 라는 생각으로 시작할 수도 있다. 하지만 크고 작음이나 서비스(미디어)냐 아니냐를 떠나, 시작 이유와 목표를 생각하고 작게 시작해야 한다. 그리고 '사이드'라는 말처럼 철저히 업무 시간 밖에서 진행해야 한다. 그래서 한정된 시간을 어떻게 활용하는 지가 중요하다. 효율적인 시간 활용에 대한 고민과 노력은 업무에도 도움이 된다. 매일 30분 정도만 투자해야지! 출퇴근 시간에 필요한 자료들을 모으며 공부해야지! 등 이런 고민 자체가 효율적으로 일하는 방법을 계속 연구하도록 도와준다.

사이드 프로젝트의 성공을 위해서는 목표 달성에 따라오는 성취감도 매우 중요하다. 작은 목표라 하더라도 단계별로 달성해 나갈 때의 쾌감은 성장의 맛을 그대로 느끼게 해준다. 홀로 또는 함께 진행하는 프로젝트지만 실험성이 강해 회사에서 해보지 못하는 것을 마음껏 해볼 수도 있고 목표 설정도 상대적으로 융통성 있게 정할 수 있다. 이에 따른 성취감은 경험하는 것 이상의 매력을 갖고 있다. 사이드 프로젝트를 '마약'이라고 부르는 이유도 이 때문이다.

메인 퀘스트가 회사의 업무라면 사이드 프로젝트는 서브 퀘스트다. 메인은 반드시 필요하고 매일같이 거쳐야 하는 과정이지만, 서브는 필요할 때 선택할 수도 있다. MMORPG 게임을 보면 캐릭터 하나가 진행할 수 있는 퀘스트가 꽤 다양하다. 이처럼 메인과 서브는 과정은 다르지만 경험치를 획득하고 게임을 더 다양하게 즐기기 위한 목적에서 진행된다는 점에서는 동일하다. 실제로 사이드 프로젝트로 획득한 기술을 회사 업무에도 유용하게 쓰고 있다.

마지막으로 사이드 프로젝트는 또 다른 나를 만나고 더 다양한 가능성을 알게 해준다. 부캐의 시대, N잡의 시대라 한다. 사이드 프로젝트를 통해 개인 발전을 경험하는 것은 온전한 자기 힘만의 성장이다. 그렇게 만나게 되는 내 모습, 나도 몰랐던 내 능력을 알게 되었을 때의 즐거움은 삶의 의미까지도 부여할 정도가 된다.

한 번은 회사 업무로 앱을 대대적으로 개편하는 업데이트를 하면서 소개 문구 작성을 한 일이 있었다. 추가된 기능을 나열하던 방식에서 우리가 왜 이 서비스를 만들었으며 이를 통해 사용자들이 어떤 감정을 느꼈으면 좋겠다는 내용을 담은 소개글을 썼다. "당신이 마음을 담아 직접 촬영한 사진만큼은 아닐 수도 있어요. 하지만 배경 화면이 주는 의미는 잊지 않고 있습니다. 매일 가치 있는 배경화면을 만날 수 있도록 노력하고 또 노력할게요!"

그러고 나서 며칠 뒤 장문의 이메일 하나를 받았다. 자신을 앱 사용자라고 소개한 그분은 이렇게 아름다운 앱 소개 문구는 처음이라며, 이 앱을 계속해서 쓸 수밖에 없는 이유를 만들어주었다고 소감을 밝혔다. 무척 기뻤고 사이드 프로젝트를 통해서 여러 종류의 글을 계속해서 쓰기를 참 잘했다는 생각이 드는 순간이었다. 그간의 노력이 실제 업무로 연결된다는 생각이 들었다.

나는 지금도 업무를 하며 여러 가지 갈증을 느낄 때가 많다. 이는 내가 여전히 부족하다는 것을 의미하며, 역으로는 내가 더 잘할 수 있는 방법을 생각하는 강력한 동기가 되기도 한다. 그리고 이러한 동기는 더 자유롭게 배움의 갈증을 풀어가고자 하는 마음으로 사이드 프로젝트와 연결된다.

대단하다고 느끼는 어떤 것이 아니라 작게 시작할 수 있는 무언가로 스타트를 끊어보았으면 좋겠다. 질주가 아닌 완주로 끝났을 때 우리의 갈증은 사라지고 더 나은 모습의 나로 다시 태어날 수 있다.

유사/경쟁 서비스 분석 방법

앱 리뷰를 할 때 반드시 해야 하는 질문은?

《지금 써보러 갑니다》에서 가장 인기 있는 메뉴가 "기획자의 모바일 앱 뜯어보기"이다. 왜냐면 업무와 밀접한 연관성을 갖고 있기 때문이다.

이 메뉴의 시작은 2019년 2월부터였다. 아무래도 기획자로 일하면서 여러 앱이나 모바일 서비스를 많이 들여다보게 되었고, 이들의 시작과 끝, 그 사이의 변화 등을 오랫동안 목격하면서 이를 기록에 남기는 것이 중요한 공부가 된다고 생각했다. 지금까지 이 메뉴로만 작성된 글이 총 105개, 분석한 사례는 600개가 넘는다. 그리고 여기 올라가는 글은 여러 미디어와 제휴 되어 재활용되고 있다.

그리고 2020년 3월부터는 개인 미디어 외에 뉴스레터《팁스터》를 발행하기 시작했는데, 여기에도 리뷰 글을 포함시켰다. 뉴스레터는 총 8명의 에디터가 함께 하고 있으며(글 쓰기를 좋아하는 관련 업계 친구들이 뭉쳤다) 격주로 발행하고 있다. 현재까지(2023년 5월) 총 60회 이상을 발행했고 그사이 100여 개 이상의 서비스 분석하고 1만 4천명이 넘는 구독자와 함께 하고 있다.

앱 리뷰를 할 때는

앱 리뷰는 기존 앱에서 기능 개선 등의 이유로 업데이트 되는 앱, 처음 출시되는 앱 이렇게 두 가지로 구분 지어 분석을 한다.

먼저 기능 업데이트를 한 앱의 경우, 알림을 받자마자 화면과 기능이 어떻게 보완되었는지부터 확인한다. 이때 업데이트 의도를 생각하는 것 자체가 공부가 된다. 동일 기능을 우리 서비스에 적용하면 어떻게 될지 미리 고민해 보는 것도 빼놓지 말아야 한다. 그리고 다음과 같은 질문도 중요하다. 1)해당 기능을 업데이트/개선한 이유는?(어떤 맥락과 의도에 따라 기능이 개선되었는지 파악) 2)동일한 기능을 우리 서비스에 적용한다면?(우리에게 맞는 방법은 무엇인지 파악) 3)유사한 기능과 서비스가 있다면?(같은 맥락에서 살펴볼 수 있는 서비스와 기능 파악)

좀 더 편하게 업데이트 소식 등을 알기 위해서는 내가 담당하는 앱과 비슷한 앱, 업무에 자주 쓰는 앱, 실생활에서 자주 쓰는 앱, 호기심 또는 미디어를 통해 알게 된 앱 등으로 구분한 후, 이를 각각의 폴더로 만들어 담아두면 업데이트 소식을 놓치지 않는다. 그리고 업데이트에서 가장 중요한 것은 '릴리즈 노트'를 확인하는 것으로 버그 수정 등 간단한 것도 있지만, 중요 기능 업데이트 같은 것도 있다. 기능 업데이트는 먼저 기존 버전 앱을 실행하여 원래 기능은 어땠는지 확인하고 스크린 샷을 미리 남겨둔 다음 앱 업데이트 이전과 이후가 어떻게 바뀌었는지 살펴보는 식으로 분석하면 된다.

새로 론칭 되는 앱의 경우 사용자의 어떤 불편함을 해결하려는 것인지 살핀다. 그리고 그동안의 신규 서비스 론칭 경험을 떠올려 문제 해결의 핵심을 어떻게 잡고 있는지도 중요하게 본다. 그래서 해결하고자 하는 문제와 핵심 기능 그리고 실제 첫 사용시 느낀 사용성을 묻고 답하기를 해본다. 정리하면 이렇다. 1)서비스가 해결하고자 하는 문제는?(어떤 불편을 해결하고자 했는지) 2)문제 해결을 위한 핵심 기능은?(제공되는 기능이 문제 해결에 얼마나 도움을 주는지) 3)실제 써본 느낌은?(제공되는 기능의 사용성이 얼마나 잘 구현되었는지 파악) 등이다.

꼭 위의 질문이 아니더라도 내가 이 앱을 주목하고 분석하기로 한 이유, 나의 사용 경험 등도 간략하게 적어본다.

《리뷰 노트》 작성법

앱 리뷰도 점점 쌓이기 시작하자. 좀 더 세분화된 분류가 필요하다는 생각이 들었다. 이때부터 《리뷰 노트》라는 이름으로 분석 결과를 정리해 나가기 시작했다. 처음에는 에버노트에서 하다가 나중에는 노션으로 옮겨 정리했다. 노션에서는 서비스 이름과 버전 그리고 기능 이름을 태그로 달아 검색에 용이하도록 구분했다. 그러면 회원가입 기능을 개선해야 할 일이 있을 때, 해당 태그를 달았던 사례만 살펴볼 수 있어 최신 사례나 타사 사례 등을 좀 더 빨리 확인할 수 있다.

그리고 동일 기능을 두고서 내가 겪은 시행착오에 대한 기록도 빼먹지 않는다. 명확한 의도와 근거를 바탕으로 진행되었는지, 해당 기능을 개선하면서 부족하다고 생각했던 점은 없는지, 배포 후 어떤 지표 변화가 있었는지 등도 함께 작성한다. 이런 식으로 정리된 자료는 특정 기능을 기획할 때 가장 먼저 살펴보는 노트 역할을 한다.

최근 나는 주니어 기획자 또는 기획자나 PM을 꿈꾸는 학

생들 중심의 스터디 멘토로도 활동하고 있는데, 이들과 함께 하는 미션도 오늘 얘기한 앱 리뷰와 꽤 닮아 있다. 서비스를 공부하고 분석하고, 나의 시선으로 정리해보는 것 그리고 내가 얼마나 흡수할 수 있고 활용할 수 있는지 고민하는 것, 말로 표현할 수 없을 정도로 정말 중요하다.

10년 차 기획자로 접어들었지만 여전히 새로운 앱을 발견하거나 업데이트 알림이 오면 이번에는 또 어떤 업데이트가 있는 걸까? 의도는 무엇일까? 기획자는 어떤 고민으로 기능 개선을 했을까? 하는 호기심을 갖고서 하나씩 살펴본다. 이 책을 읽는 분들도 마찬가지로 자신만의 《리뷰 노트》를 만들어보면 좋겠다.

16
동기부여

슬럼프와 번아웃을 이겨내는 법

나에게 온전히 집중하는 것이 중요한 이유는?

누구나 슬럼프에 빠진다. 슬럼프에 빠졌을 때 얼마나 빨리 벗어나느냐가 능력이고 실력이다.

내가 일을 하며 처음으로 슬럼프라는 것을 느꼈을 때가 회사 생활 3년 차 때였다(2016년 오드엠 근무 시절이었다). 당시에는 기획 업무에 대한 경험도 많지 않았고, 회사 내에서도 나를 가르쳐줄 사람도 마땅치 않았다. 그래서 하나라도 제대로 못 하면 어쩌지, 라는 고민을 매일 했다. 이렇게 긴장 속에 있다 보니 매사를 '배움'이라는 자세로 일을 대할 수 있었지만, 일과 휴식의 구분이 불명확했다. 퇴근 후 집으로 향하는 버스 안에서도 다음 기능에 대한 고민을 계속할 정도였다. 그리고 집에 도착해서는 잠깐 쉬는 시간을 가진 뒤 자연스레 노트북을 열고 업무를 봤다.

힘들지는 않았다. 일이 정말 매력적이고 즐겁다는 생각을 했고, 동료들과 함께 나의 노력과 에너지가 들어간 결과물을 만든다는 게 기뻤다. 그리고 누군가에게 도움이 된다는 피드백을 받거나 많은 분이 이용하고 있다는 것을 지표로 확인할 때면 행복감이 들기도 했다. 하지만 몇 년 동안 같은 상태로 계속 일하다 보니 점점 일과 쉼의 경계가 구분되지 않았고,

슬럼프에 빠져들고 있다는 것도 몰랐다.

슬럼프에 빠지자 나와의 아슬아슬한 만남이 시작되었다. 정확히는 나라는 사람의 경쟁력에 대해 다시금 질문하기 시작했다. 그런데 이런 자기 고민이 성장의 밑거름 되기보다는 스스로를 괴롭히는 일이 되었다. 생각을 하면 할수록 내가 잘하는 것 보다 부족한 것이 떠올랐고, 아직은 배우는 과정임에도 부정적인 생각이 들면서 업무 거부감이 생겼다. 이대로는 같이 일하는 사람들에게도 나쁜 영향을 주겠다는 생각이 들었다. 일단 확실한 끊음이 필요하다는 생각에 주말 포함 앞뒤로 하루씩 붙여 휴가를 냈다.

휴가 첫날, 점심시간이 다 될 때까지 잠을 잤다. 이렇게 앞으로 나흘 동안을 여유롭게 보내면 슬럼프에서 벗어날 것 같았다. 하지만 휴가 이틀 차에 접어들었을 때, 일하는 것 말고는 몰입해서 할 줄 아는 게 하나도 없다는 생각이 들었다. 문득 다른 스타트업에서 일하는 기획자 선배가 "너는 도대체 언제 쉬니?"라고 했던 말도 떠올랐다. 재미있게 한참 일하던 때라 그때는 크게 신경 쓰지 않던 말이었다. 그런데 이번만큼은 달랐다. 오늘만큼은 푹 쉬자, 아무 생각 없이 늦잠도 자고, 못 봤던 영화도 한 편 보고, 쓰지 못한 글도 쓰고, 미뤄뒀던 사진 편집도 하자, 그렇게 생각했지만 머릿속으로는 어제 마무리 짓지 못한 일이 떠올랐다. 쉬는 것에 집중할 수가 없었다.

슬럼프에 벗어나기 위해 일단 내가 좋아하는 것을 하나씩 적어 보기로 했다. 글쓰기, 출사(필름카메라), 여행, 걷기, 커피 등. 단순히 나열하는 것으로 시작해 좀 더 구체적인 계획까지도 작성해보았다. "필름카메라 출사는 한 달에 한 번, 이번 달 출사는 부암동, 2주 뒤 반 차를 낸 후 평일 오후에"와 같이 세부 사항도 적어보았다.

하고 싶은 것을, 우선순위에 따라 작성했을 뿐인데도 그 효과는 꽤 컸다. 무엇보다 일하는 나와 그렇지 않은 나를 분리해서 볼 수 있었다. 그리고 쓰다 보니 내가 좋아하고 있던 것들을 그동안 잊고 지냈다는 사실도 알게 되었다.

슬럼프를 경험한 선배들은 일 외에 자신이 좋아하는 것에 더 많은 시간을 투자해야 한다고 귀띔한다. 그리고 "자신부터 먼저 생각해"라고 한다. 예전에 나 때문에 프로젝트나 서비스에 영향을 주면 어쩌지 하는 걱정을 어느 선배에게 토로

한 적 있는데, 그런 걱정은 하지 않아도 일은 돌아간다며, 오히려 쉬는 것에 집중하고 몰입할 때 업무 스트레스도 풀리고 새로운 아이디어나 상상력도 일어난다고 했다. 이기적인 게 아니라 올바른 출발점을 찾는 것이라고 했다.

점점 무너지는 균형

그 후로도 슬럼프가 없었던 적은 없지만, 그때마다 나를 잃지 않고자 했다. 그러다 갑자기 감당하기 큰 압박감을 느껴 퇴사까지 고민하게 된 일이 있었다. 세 번째 회사인 오지큐에서 근무하던 때였다. 슬럼프와는 다른 종류의 압박감이었다. 이번에는 번아웃이었다.

오지큐에서는 기획자들만 모여 있는 기획팀이 있었고, 이들이 회사에서 운영하는 전체 서비스를 담당했다. 그러다 보니 한 개 서비스만 맡아서 관리하는 것이 아니라 여러 개의 서비스를 동시에 들여다보아야 했다. 그리고 여기에 신규 서비스 기획도 했다. 과부하가 오는 게 당연해 보였다.

업무 경험은 쌓이지만 서비스 관리 업무에 시간을 뺏겨

기획 업무가 점점 등한시된다고 생각하니 나 자신은 점점 정체되어 간다는 생각이 들었다. 나도 모르게 놓치는 일은 점점 많아졌고, 누군가를 탓하는 말도 자주 하게 되었다. 홀로 감당하기 어려운 일이 많아지니 마치 변명처럼 불만을 내뱉는 일도 많아졌다. 결국, 하고 싶은 일과 해야 하는 일의 균형이 깨지기 시작했고 책임감은 무겁게 어깨를 짓눌렀다.

나는 그때까지 '동기부여'라는 걸 따로 생각해본 적이 없었다. 일하는 즐거움은 그동안 내게 의심의 대상이 아니었는데 이번만큼은 달랐다. 몸이 생각처럼 움직이질 않았다. 지금까지는 내가 하는 일이 재밌으니까, 라는 생각으로만 달려왔는데, 그게 맞나 싶은 의심이 들었다.

같은 기획자로 일하는 지인들을 만나 조언을 구하기 시작했다. 재미있게 일하는 방법, 스스로 동기 부여를 할 방법이 무엇인지 물었다. 지인들 얘기를 요약해보면 이랬다. 먼저 해당 분야와 관련 업무에 대한 흥미가 첫 번째, 그다음으로 더 잘하기 위한 꾸준한 노력이 두 번째, 그리고 일에 대한 개인의 철학이 세 번째였다. 세부 내용은 조금씩 달랐지만 내가 발견한 공통점은 나로부터의 시작이고, 일의 의미를 확고히 해야 한다는 것이었다. 이는 그동안 좋아하는 일을 한다는 사실 하나만으로 외면해왔던 내용이기도 했다. "나는 왜 이 일을 하는가?" "좋아서 하는 거 외에 다른 무슨 의미가 있는가?"에 대한 답을 찾아야 했다.

그리고 "재미있겠다"라는 기준으로만 업무를 대하는 것은 계속해서 나를 힘들게 할 수 있다는 사실도 인정할 필요가 있었다. 이제는 무엇을 잘하는가도 생각해야 했다. 좋아하는 일과 잘하는 일이 융합되는 것이 중요했다. 언제나 배움의 자세로만 일할 수는 없고 연차가 쌓이고 후배가 생기고 그러면 배움 이상으로 내 커리어를 관리하는 일이 필요했다. 앞으로 3년, 5년 커리어를 어떻게 밟아 나가고, 어떤 단계를 거쳐야 하는지를 생각했다.

어디로 가야 할지 방향을 안다면 무엇을 채워야 할지도 명확해진다. 어느 곳을 가더라도 문제는 존재할 수밖에 없다. 나 자신이 어떤 과정에 있는지, 어떤 생각으로 일을 대하는지 기준을 갖는 것이 중요하다. 그게 없다면 결국 회사 탓을 하게 되고, 정체의 이유를 스스로 만들게 된다.

지금도 나는 슬럼프나 번아웃이 와서 스스로 정체되었다고 느낄 때 지금까지의 과정을 기록한 노트를 살피거나 하고 싶은 일을 적은 메모를 보면서 내가 가고자 하는 길, 가야 할 길을 살펴보고 어디까지 왔는지도 살핀다. 그러면서 한 번 더 다짐하는 시간을 잊지 않는다. 다행이라면 하기 싫은 일을 한다고 생각한 적은 없다는 것, 내가 하고 있는 일이 즐거운 일로 생각된다는 것이다. 즐겁지 않은 일을 단지 보상만으로 버텨내는 것은 그리 오래가지 못한다. 그러니 하고 싶은 일을 즐겁게 할 수 있도록 나의 여정을 체크하는 것은 무척 중요하다. 그리고 내가 무엇을 잘하며, 강점으로 만들기 위해 어떻게 해야 하는 지도 중요하게 생각해야 한다. 이 일은 누가 해줄 수 있는 일이 아니고 오직 나만 할 수 있는 일이며 내가 제일 잘하는 일이다, 라는 생각이 중요하다.

슬럼프든 번아웃이든 벗어나기 위해서는 내가 중심이라는 것을 확인하고 이를 확립하는 것에서 출발한다는 것을 잊어서는 안 된다.

글쓰기를 꾸준히 하는 법

왜 글쓰기가 기획 업무에 도움을 줄까?

나는 지금도 글 쓰는 시간이 가장 좋다. 내가 쓰는 글의 종류는 크게 세 가지다. 하나는 브런치로 올리는 개인적 에세이, 또 하나는 블로그와 뉴스레터로 발행하는 서비스 분석글, 마지막은 업무와 관련해 쓰는 기획이나 리뷰 글이다.

주변에서는 도대체 언제 글을 쓰냐며 몸이 두 개 아니냐는 질문도 많이 한다. 처음부터 그랬던 것은 아니다. 글을 써야겠다고 생각한 명확한 동기와 상황이 있었고, 나중에는 시간이 더 없을 거라는 생각에 조금씩 글 쓰는 습관을 들이다 보니 지금에까지 이르렀다.

가장 먼저 쓰기 시작한 글은 창업 시절까지 거슬러 올라가 《배움 노트》에 올라가는 업무 내용과 관련된 글이었다. 그때는 매일이 배움의 연속이었고, 같은 실수를 하기에는 해야 할 일이 너무 많았던 터라 글쓰기를 통해 업무 역량을 기르는 것이 무척 중요했다. 이후 글 쓰기 목적에 맞춰 노트를 나눠 정리하기도 했다. 앞서 설명한 바 있는 《기획 노트》(팀 기획 노트와는 다른 개인적인 기획 노트)나 《리뷰 노트》 등으로 신중하게 이름을 지어 글 모음을 해나갔다. 그리고 일과 관련한 글쓰기만 해서는 안 되겠다 싶어 에세이를 쓰기도 했다.

에세이 쓰기는 기획이라는 이름이 가져다주는 딱딱함을 없애는 데에 도움이 되었다. 사용자가 읽을 앱 이용법 같은 설명문도 훨씬 이해하기 쉽게 쓸 수 있도록 도움을 주었다. 사용자와의 관계에서 감성적인 연결 고리가 효과적인 결과를 이끌어낼 때도 있었다(이 이야기는 앞에서 한 번 한 적 있다).

외부 서비스를 분석하는 글은 운영 중인 미디어 《지금 써보러 갑니다》에 좀 더 다채로운 글을 올리고 싶은 마음에 시작했다. 다른(경쟁) 서비스는 어떤 의도를 갖고서 앱을 개발하고 기능 개선을 하는지 좀 더 본격적으로 공부하려면 글쓰기만큼 좋은 것도 없다. 그리고 이를 누구나 볼 수 있는 미디어 영역에 공개함으로써 다른 분들은 어떤 생각을 하는지도 들을 수 있었다. 생각의 발전을 이끌어내는 방법이었다.

글쓰기로 얻은 것들

글쓰기로 지금까지 내가 얻은 것을 정리해보면 가장 중요하게는 생각하는 습관을 갖게 되었다는 점을 들 수 있다. 어떤 글을 써야 할지, 어떻게 잘 쓸 수 있는지 글 작성은 물론이고 자료 조사나 여러 사람으로부터의 피드백 등으로 생각의 폭도 넓힐 수 있었다. 이는 글과 기획에 공통으로 포함되는 논리를 탄탄하게 해주는 역할을 했다.

처음에는 일단 써야겠다는 마음으로 바로 작성하는 경우가 많았는데, 지금은 글 작성 전 구조화부터 하는 습관이 생겼다. 이는 제안서 작성이나 스펙 노트 같은 업무 관련한 글쓰기를 할 때도 흐름이 어색하지 않도록 도와주었다(제안서 작성은 앞에서 다루었다).

그다음으로는 트렌드, 정책 등 흐름에 대한 이해도가 높아졌다. IT와 테크는 정말 빠르게 변화하는 분야 중 하나이며, 스타트업은 이런 변화에 민첩하게 대응해야 한다. 어떤 글을 써야 할까? 글감을 찾다 보면 기획자의 관점에서 놓쳐서 안 될 정보를 만나기도 하고, 꼭 글로 연결되지 않더라도 다양한 정보를 살펴볼 수 있는 공부가 되기도 한다. 그렇게 일정 시간이 지나고 나면 좋은 정보를 제공하는 곳을 하나둘 알게 되고 따로 시간을 투자하지 않아도 정보가 알아서 들어오는 환경이 구축된다.

그리고 글쓰기로 나만의 채널(SNS 등)을 만들 수 있으며,

이는 자연스레 퍼스널 브랜딩으로 연결이 된다. 아시다시피 우리나라에는 네이버 블로그, 브런치, 티스토리 등 유용한 글쓰기 플랫폼이 많다. 그럼에도 군이 워드프레스(설치형 블로그)를 선택한 이유는 나만의 독립적인 서비스를 따로 갖고 싶어서였다. 그런 점에서 설치형 블로그의 장점은 다양한 플러그인을 활용할 수 있고, 여러 가지 실험을 해볼 수 있는 최적의 환경을 제공해준다. 뉴스레터 구독을 유도하는 배너를 어디서 넣으면 좋을지 여기저기 테스트해 볼 수도 있었고, 글이 더 많이 공유되는 방법을 고민해 보기도 했다. 어떤 검색어로 사람들이 들어오는지 확인해서 유입 경로를 다양하게 만드는 실험도 해보았다. 그리고 애드센스 등을 활용해 부가수익도 올릴 수 있어 글쓰기 동기부여로도 이어질 수 있었다. 결국 이런 것들을 하나씩 실험해보며 업무에 도움이 될 만한 다양한 경험을 쌓았다.

글쓰기는 온라인으로든 오프라인으로든 다양한 사람들과 만나는 기회도 주었다. 특정 주제로 글을 쓰다 보니 같은 업무를 하거나 비슷한 규모의 스타트업에서 일하는 사람들과의 연결 고리가 생겨, 꼭 미팅이나 네트워킹 행사를 통하지 않더라도 자연스러운 만남을 가질 수 있었다. 그리고 외부 채널에 대한 기고 제안도 글쓰기로 얻은 기회였다. 실제 이 책을 쓸 수 있게 된 것도 꾸준히 글을 쓰며 채널을 관리해온 경험이 있었기에 과감히 도전해 볼 수 있었다.

글쓰기를 다양하게 하다 보니 여러 포멧에 맞춰 콘텐츠를 변형하는 능력도 갖추게 되었다. 같은 메시지라도 글이 올라가는 플랫폼에 따라 글의 느낌과 성격은 달라진다. 서비스를 단순히 소개하는 글인지, 아니면 기능 분석을 위한 글인지, 배움을 정리하는 글인지, 에세이인지 글의 목적에 따라 맞춤해서 쓸 수 있게 된 것도 오랜 글쓰기 훈련으로 가능했다.

글쓰기 시작, 어떻게 하면 좋을까?

글쓰기의 중요성을 잘 안다 하더라도 꾸준히 이어가는 건 쉬운 일이 아니다. 이번에는 그 시작을 어떻게 하면 좋을지 몇 가지 말씀드리고자 한다.

먼저, 두려움을 이겨내는 마음가짐이 필요하다. 정확히 는 '내가 쓴 글이 도움될까?'하는 걱정을 덜어내야 한다. 솔직히 이 책을 쓰는 순간에도 수없이 많은 두려움과 싸우고 있다. 그럼에도 기록을 멈추지 않는 이유는 나 밖에 쓸 수 없는 글이 분명히 있다고 생각하기 때문이다. 나보다 일을 잘하는 사람을 찾는 건 쉽지만 자신만의 시각으로 꾸준히 글 쓰는 사람을 찾는 건 쉽지 않다. 그러니 처음에는 나 말고는 아무도 쓸 수 없는 글에 집중하는 게 중요하다. 꼭 기획(업무)의 관점이 녹아들지 않아도 좋다.

글 쓰는 이유를 너무 거창하게 잡거나 혹은 너무 많은 의미 부여를 할 필요는 없다(욕심은 이른 포기를 낳는다). 그런 것이 많아지면 오히려 금방 지치게 된다. 오히려 무슨 주제로 할 때 가장 오래 쓸 수 있는지 고민하는 것이 더 중요하다.

어떤 소재로 써야 할지 모르겠다면 두 가지 방법을 추천하고 싶다. 하나는 나의 취미나 관심사를 써보는 것이고, 또 하나는 일에서 경험하고 배운 점을 써보는 것이다. 앞에서도 얘기한 적 있지만 나는 사진 찍기를 좋아해, 이를 기록하는 에세이를 쓴다. 업무와 관련해서는 20개국 이상에서 앱 스크린샷 A/B 테스트를 진행한 이야기를 쓴다. 이처럼 누구나 흔히 하지 못하는 경험을 소재로 발굴해서 글로 옮겨 적어보면 좋다. 꼭 이런 소재가 아니더라도, 내가 배운 걸 내 기준으로 쓰면 된다.

최근에는 스타트업에서 홍보목적이긴 하지만 팀 단위로 자신들의 경험을 이야기하는 문화가 꽤 많아져, 이런 성격의 글을 자주 접하게 된다. 다만, 업무와 관련된 글을 쓸 때에는 외부에 공개해도 되는 내용인지 아닌지 반드시 확인하고 쓰는 것이 좋다. 이 밖에도 자신 있게 시도했지만 좋지 않은 결과를 얻은 것, 그 과정과 이유 등을 솔직하게 작성해 보는 것도 업무적으로 도움이 되고, 다른 사람들로부터도 관심을 받을 수 있는 좋은 글쓰기 포인트가 된다.

마지막으로, 글 쓰는 시간을 따로 만들고, 이 시간을 늘리는 의지도 중요하다. 앞서 제안서 작성을 할 때 문서 생성부터 하면 안 된다고 이야기했다. 글쓰기도 마찬가지다. 나는 글감이 생각날 때마다 메모장에 적어 두고 출퇴근 시간을 활용해 자료 찾기를 하는 식으로 글쓰기를 한다. 이렇게 작은 기록을 모으고 이를 바탕으로 한 편의 완성된 글을 쓰는 루틴은 나뿐만이 아니라 누구나 가질 수 있다.

글을 잘 쓰고 싶지만 잘 안 된다고 말하는 사람들이 늘 마지막에 덧붙이는 말이 '시간이 없어서'다. 하루를 기준으로 우리가 5분, 10분을 그냥 흘려버리는 일은 생각보다 많다. 그 시간을 하나씩 붙잡아 글을 쓰기 위한 준비 단계로 삼는 것이 중요하다. 오늘은 꼭 글을 써야지 라는 생각으로 한 시간씩 시간을 활용하기보다 평소 내 라이프 패턴을 잘 검토한 후 패턴이 무너지지 않는 범주에서 글쓰기를 할 수 있는 시간을 찾아 루틴으로 만드는 것이 중요하다.

나는 현재 하루 한 시간 이상을 글쓰기에 투자하고 있다. 글쓰기는 내게 일을 하는 이유가 되기도 하고, 일 외적으로 삶을 지탱하는 이유가 되기도 한다. 그리고 생각을 정리할 시간을 주고 나의 배움을 더욱 구체화하는 역할을 하기도 한다. 처음부터 이렇게 거창한 목적을 가지고 시작한 것은 아니다. 하지만 어쩌다 보니 여기까지 와버렸다. 앞으로 걸을 여정이 좀 더 가치 있는 길이 되도록 글쓰기가 많은 도움을 줄 것으로 믿는다.

피드백을 잘 활용하는 법

피드백을 무조건 받아들이면 안 되는 이유는?

"이곳을 떠나더라도 꼭 다시 너와 일하고 싶어." "너같이 꼼꼼히 기록하고 치열하게 고민하는 기획자도 없을 거야." 함께 일하던 사람들이 나와 헤어지며 전해준 말이다.

"같이 일했던 PM 중 성규님이 최고였어요." 난 이 말이 담긴 메신저 화면을 캡처해서 힘이 들 때마다 한 번씩 꺼내본다. 기획자로서 무엇을 더 잘해야 하는지 고민을 많이 하던 차에 들은 말이라 더 달콤하다. 하지만 늘 경계해야 하는 말이라는 생각도 한다.

스물 다섯에 시작한 창업으로 많은 것을 배웠지만, 반대로 내가 얼마나 부족한지도 누구보다 빨리 깨달았다. 부족함을 스스로의 힘으로 채울 수 없다는 사실을 알고 나니 선배들의 피드백은 더없이 소중한 조언이었다. 하지만 때로는 선의로 날아온 피드백이 날 선 칼이 되어 상처를 주기도 했다. 그 경계가 참 모호했다. 내 생각이 맞았으면 하는 바람, 상대방이 틀렸으면 하는 바람, 상처받고 싶지 않은 마음이 피드백 때마다 들었다. 그래서 한동안은 피드백이 머뭇거려졌다. 그러다 어느 선배와의 술자리에서 큰 깨달음을 얻었다. 선배는 이렇게 말했다. "피드백이라는 쓴맛에 익숙해지는 법을 알아야 하고, 적당히 거르는 법도 알아야 해." 선배의 이야기 대로라면, 나는 모든 피드백을 무조건 수용하고 있었던 셈이었다. 홍보대행사에서 인턴으로 근무하던 시절, 선배가 해준 얘기도 함께 떠올랐다. 남들이 오가다 쓱 던지는 말은 피드백이 아니라 잔소리, 참견이라고 했다. 내가 요청하지 않은 피드백이기에 크게 신경 쓸 필요가 없다는 말도 덧붙였다. 피드백을 받아들이는 태도와 방법의 중요성을 알려준 말이었다.

지금 생각해보면 일을 막 시작하고 배움에 정신이 없을 때만 해도 모든 피드백은 소중하다는 생각을 했다. 그렇게 모든 걸 신경 쓰다 보니 내가 가져야 할 기준이 흔들릴 수밖에 없었고, 막상 전진해야 할 때 이것저것 신경 쓰다 타이밍을 놓치는 일이 빈번했다. 그 이후 몇 번의 시행착오 끝에 나는 피드백을 쓴소리가 아니라 나를 위한 교정법이라고 생각했다. 한쪽으로 가방을 많이 들고 다녀 어깨 균형이 살짝 맞지 않는 걸 누군가 말해주지 않으면 모르는 것처럼, 나에 대한 객관적이고 정확한 사실을 들을 기회라 생각했다.

피드백을 어떻게 요청해야 할까?

서비스를 만들 때 가장 필요로 하는 그룹을 찾고 끊임없이 파고드는 것처럼 피드백 역시 요청 대상을 잘 검토한 후 그분의 강점에 맞춰 요청하는 것이 중요하다. 한마디로 조금은 가려서 피드백을 요청해야 한다는 뜻이다. 피드백하는 분이 피드백에 익숙하지 않거나 내가 요청한 부분에 대해 경험이 없거나 하면 더이상 요청을 하지 않는 것으로 정했다.

"선배님, 다음 달 정기배송에 포함되는 업체에 전달할 제안서인데요, 전반적인 내용 구성을 한 번 봐주실 수 있을까요?" 그동안 내가 메일이나 메신저를 통해 피드백 요청을 할 때의 멘트다. 그런데 "선배님, 다음 달 정기 배송에 포함되는 업체에 전달할 제안서를 제작하고 있는데요. 판매 예상 수량 부분에서 지난 달 전체 상품 평균 판매량과 유사 상품의 최근 판매량 중 어떤 데이터가 더 논리적일까요?" 이렇게 묻는 게 더 낫다. 피드백은 많이 다양하게 받는 게 목적이 아니라 정확하게 받는 것이 중요하다. 그래서 피드백을 부탁한 분들로부터 "이거 완성된 거야?" "이전에 전달한 문서는 없어?" 등의 질문을 다시 받는다면, 피드백 요청이 잘못된 것이다.

피드백을 듣고 난 뒤의 태도도 중요하다. 생각한 의도에 맞는 내용인지 판단하는 것은 물론이고, 지적 사항이 있다면 이를 인정하고 받아들이는 마음가짐도 필요하다. 그리고 피드백 내용을 천천히 읽어보며 어디까지 수용할 것인지도 판단해야 한다.

내가 피드백을 받으며 많이 한 실수 중 하나는 한 곳(《피드백 노트》)에 모아 놓고 어떻게 반영할지 더 깊게 생각해보지 않았다는 점이다. 이는 아이디어를 작성하고 구체적인 실행 방안을 더 고민하지 않는 것과 같다. "시장 규모를 보여줄 수 있는 추가 자료가 있었으면 좋겠어"라는 피드백이 있다면, 왜 이 자료가 더 필요하다는 것인지 그리고 이 자료를 어디에 배치하면 좋은지 그리고 어떤 자료를 가장 신뢰할 수 있는지 등을 생각해보고 이 과정을 노트에 남겨두는 것이 좋다. 그러면 비슷한 제안서 작성이 있을 때 참고 자료가 된다(우리는 생각 이상으로 비슷비슷한 제안서를 자주 작성한다는 사실을 상기해보자).

피드백은 맛이 써서 금방 뱉어버리는 존재가 아니라 그

맛을 음미하며 오래 씹어 삼켜야 하는 약임을 잊지 말아야 한다. 창업 이후 사수 한 번 없이 스스로 일을 깨쳐야 했던 내게 성장의 씨앗이 된 것은 지인들과 선배들의 소중한 피드백 덕분이었다. 그러니 피드백을 요청하고, 반대로 피드백을 하는 방법에 대해서도 한 번씩 생각해보면 좋겠다. 이렇게 쌓인 내용은 돈을 주고도 살 수 없는, 어느 곳에서도 쉽게 처방받기 어려운 나를 위한 교정지가 된다.

기분 나쁘지 않게 거절하는 법

거절이 상대에게 오히려 도움이 되는 이유는?

나는 업무는 물론이고, 업무 외적으로도 '거절'을 잘하지 못하는 사람이었다(지금도 약간 그렇다). 재미있을 것 같아서, 좋은 경험이 될 것 같아서, 내 부탁을 들어준 사람이어서 등 거절을 못 하는 이유도 다양했다. 하지만 나중에서야 이런 이유도 결국에는 스스로를 합리화하기 위한 수단일 뿐이라는 걸 알게 됐다.

만약 부탁하는 사람이 "이걸 하면 업무 경험에 좋을 거에요"라고 말하면서 업무를 미룬다면 이런 일은 절대 받아서는 안 된다. 그런데 남들에게 싫은 소리 못하는 사정으로 내가 중요한 일을 할 수 있는 사람으로 성장했다고 스스로를 합리화해버리면 오판을 해도 단단히 오판하는 것이 된다. 그리고 이런 것이 자꾸 쌓이다 보면 착각의 늪에 빠져 정작 내가 중요하게 생각하는 행동은 자꾸 미뤄지고 밤늦게까지 남의 일을 고민하는 지경에까지 이르게 된다.

그리고 이런 일이 몇 번 반복되고 나면, 나쁜 의도를 가진 주위 동료가 나를 만만하게 보고는 이런저런 일을 더 보태는 상황도 벌어진다. 결국 일을 도맡아 하는 사람, 책임감이 뛰어난 사람, 여러 일을 동시에 잘 처리하는 사람 등으로 나를 포장하지만 알고 보면 정작 내 일은 못하고 남 일만 열심히 해주는 속 빈 강정같은 꼴이 되고 만다. 이렇게 되면 스스로에 대한 객관적 평가는 물론이고 업무에 대한 우선순위도 잘못 지정하게 된다. 그래서 조건없는 '승낙'이 아니라, 적절한 기준을 갖고서 승낙하는 것이 필요하다.

업무 요청에 대응하는 법

업무 요청에 대해 거절을 하지 못하는 이유 중 하나는 '경험'이라는 유혹 때문이다(경험이 도움이 될 거야, 라며 자기 일을 떠넘기는 선배들 혹은 타 부서 사람들이 꼭 있다). 내가 생각하지 못한 것을 누군가 제안해준다면 이 일로 인해 나의 경험치는 일정 정도 쌓이겠지만 경험이 될거야, 라는 말만 믿고 덥석 일을 받아서는 안 된다. 몇가지 조건이 추가되어야 한다.

가장 먼저는 내가 하고 있는 일과의 연관성이다. 업무 요청을 받아 일정에 따라 진행했을 때 내가 지금 필요로 특정한 능력을 키울 수 있을까? 을 고려해야 한다. 꼭 업무와 관련된 것이 아니더라도 나에게 필요한 것인지 아닌지 생각해보고,

충동적으로 오! 재밌겠다! 같은 섣부른 판단을 하지 않도록 해야 한다. 이때 내가 부족한 점이 무엇이고 더 학습하고 싶은 내용이 무엇인지 안다면 이런 판단은 훨씬 쉬워진다.

그리고 많은 보수 또는 인센티브를 앞세운 요청에도 조심해야 한다. 반드시 더 큰 노력을 기울여야 하는 상황이 될 수 있기 때문이다. 업무 외적인 요청 사항이긴 하지만《지금 써보러 갑니다》와 뉴스레터《팁스터》에서 발행한 콘텐츠를 종이책으로 출판해보자는 제안을 받은 적 있다. 유료화와 수익화가 전제된 제안이라 덥석 제안을 받을 뻔했지만, 출판용 원고 작성에 너무 많은 에너지를 쓰게 될 것 같아 결국에는 '노'(No)를 했다. 만약 이를 받았다면 뉴스레터 운영에 잠시 소홀했을지도 모른다.

또 하나, 지금 하고 있는 일과 요청이 들어온 일 사이의 우선순위를 따져 보는 것도 중요하다. 당연히 우선순위는 개인이 아니라 팀의 관점에서 봐야 한다. 의견과 아이디어가 아무리 좋아도 현재 진행 중인 업무와 방향이 맞지 않는다면 거절을 고려해야 한다. 다만 나중을 생각해 별도로 기록을 해 둔 다음 다시 논의해보자 등으로 마무리 짓는 것이 좋다.

우선순위에 밀렸을 뿐 지금의 거절이 다양한 의견을 제안하는 것이 아님을 분명히 하는 것이다.

거절 이유를 생각하라

"거절도 미리 생각해야 해?" 하지만 '힘들어서' '시간이 없어서' 등의 이유나 핑계로 거절 의사를 밝히게 되면 나중에 더 간곡하게 부탁하는 상대를 만나서는 결국 내 의사와는 반하는 결정을 하게 된다. 그래서 '거절의 이유'가 중요하다.

거절을 할 때는 간단하게라도 거절의 내용을 먼저 떠올려 보고 글로 적어보는 것이 중요하다. 친한 사람이냐 아니냐를 생각하지 말고, 요청 사항에만 집중해 내가 지금 이 부탁을 거절할 수밖에 없는 근거와 이유를 잘 밝혀야 한다. 역으로 생각해보면, 어떤 부탁을 했다가 거절을 받는다고 했을때 이유를 분명하게 밝혀주는 것이 현 상황에 대해 빠르게 수긍하고 다른 대안을 찾게 된다. 그렇지 않으면 마치 눈치 보듯 의사결정만 미루게 되고, 요청하는 쪽이나 요청받는 쪽이나 양쪽 다 이리지도 저러지도 못하는 꼴이 된다.

업무 요청뿐만 아니라 어떤 아이디어 제안 같은 것에서도 제대로 된 검토조차 없이 바로 거절하는 건 매우 위험하다. 열심히 해보자는 문화를 부정적으로 바꿀 수 있으며, 이후에 제안이나 의견을 내지 못하는 분위기를 만들게 되기도 한다. 이때는 "좋은 의견이지만 제 생각에는…" 이런 식으로 말을 하는 게 중요하다. "이 기능을 추가하면 우리의 특정 지표가 좋아질 것 같은데, 이번에 반영해보면 어때요?"와 같은 의견이 있다면 "좋은 의견이지만 기존 데이터를 더 살펴보고 결정해보면 어떨까요?" 식으로 말해야 한다. 전후 맥락 없이 거절하는 것보다는 좀 더 세심하고 타당한 거절이 된다.

예전에 비하면 지금의 나는 거절을 꽤 잘하는 사람이 되었다. 거절 횟수가 늘어난다고 해서 상대가 상처받거나 하는 일은 거의 없다. 또 거절했다는 이유로 관계를 들먹이고 뒤에서 이러쿵저러쿵하는 사람이라면, 언제든 다른 이유로도 서로 깨질 수 있는 사이이므로 괘념치 말아야 한다.

거절에 대한 아쉬움은 늘 존재할 수밖에 없다. 하지만 그 이유 때문에 거절 대신 승낙을 먼저 고려할 수는 없다. 개인적으로 타인에게 노를 하는 것이 엄청나게 어려운 일이라면 나는 어떤 기준에 따라 어떤 내용으로 거절할 것인지 나만의 원칙을 정해두는 것도 많은 도움이 된다. 거절을 잘하는 기술도 우리에게는 꼭 필요하다는 것을 잊지 말자.

좋은 질문을 하는 법

기획자라면 반드시 해야 하는 질문은?

기획자는 질문으로 프로젝트의 존재 이유를 확인해야 한다. 질문으로 아이디어를 끄집어내고, 때로는 내 생각을 전하는 용도로 사용해야 한다. 그래서 좋은 질문은 프로젝트의 완성도를 높이는 데 필수적인 요소다.

잠깐 옛날이야기를 하자면, 대학에서 광고 홍보학을 공부하는 동안 프레젠테이션 할 기회가 많았다. 처음에는 하고자 하는 이야기를 논리적으로 정리하는 것이 어려웠고, 이후에는 실제 발표하는 과정이 어려웠다. 하지만 이것도 몇 번 경험하고부터는 자신감도 붙고 어느 정도 익숙함도 생겼다. 그런데 프레젠테이션 경험을 많이 했음에도 여전히 어렵게 느껴진 것이 Q&A였다. 어떤 질문이 나올지 몰라 긴장감은 높고, 논리적으로 답을 하지 못해 당황할 때도 잦았다. 그래서 어느 순간부터는 발표 자료 준비와 함께 예상 질문 정리도 빼놓지 않고 하게 되었다. 그러면서 질문지를 만들고 예상 답을 고민하면서 Q&A를 준비하는 것이 꽤 많은 공부가 된다는 사실을 깨달았다.

질문은 미처 고민하지 못한 것들을 확인하는 중요한 연결고리 역할을 하고 내가 작성하는 문서나 자료를 한 가지 시선으로만 생각하지 않도록 도움을 준다. 제3자 입장에서 생각해보는 기회를 주는 것과 같다. 제안서 작성을 얘기할 때, 목차 작성을 질문형으로 바꿔서 해보는 것이 괜찮은 방법이라고 한 이유도 질문이 주는 장점을 활용하는 방법이기 때문이다.

내가 질문을 할 때

그런데 질문이 내가 아닌 타인을 향하게 될 때는 몇 가지 고민이 필요하다. 회의나 미팅에서 질문한다는 것은 의견을 이끌어내고 아이디어를 구체화하는 유용한 방법이지만, 질문을 받는 입장에서는 마치 자신을 공격하는 것처럼 받아들일 수 있기 때문이다. 그래서 이런 것이 무서워 오히려 질문이 형식적이 되거나, 질문의 불편함을 꺼려 모두가 침묵해버릴 때도 있다.

프로젝트를 진행하다 보면 기획자가 PM 역할을 주도하는 일이 많은데, 상대적으로 동료에게 질문도 많이 하게 된다. 그런데 이때 동료가 침묵으로 일관한다면 기획자 입장에서는 상대방을 탓하게 된다. 그리고 자칫하면 기획자 의견으로만 프로젝트가 진행되고, 결과에 대해서는 아무도 관심을 두지 않거나 책임을 지지 않으려고 한다. 하지만 이때도 돌이켜 생각해보면 올바른 논의로 이끌지 못하고, 질문을 받는 동료의 상황이나 배경을 충분히 고려하지 못한 기획자(나) 문제라는 것을 알아야 한다. 그래서 누굴 탓하기 전에 프로젝트를 주도하는 기획자 즉, 질문하는 사람의 문제라고 생각하는 것이 올바른 기획자의 자세다.

서로 활발하게 질문 답이 일어나는 토의가 되려면 회의나 미팅 전 질문을 미리 공유하고 충분히 생각해보는 시간을 갖는 게 중요하다. 기존 프로젝트와 관련된 것이라면 질문의 배경을 알고 미리 답변을 생각할 수도 있지만, 신규 프로젝트의 첫 미팅이라면 기획자인 나를 제외하고 다른 동료는 내용을 전혀 모를 가능성이 높다. 이때는 질문 중심으로 회의가 진행되기 어렵다.

이런 상황에 대비하려면 미리 어떤 목적의 미팅인지 문서로 먼저 공유하는 것이 필요하다. 이렇게 하면, 참여자가 회의 시작 전 궁금한 점을 먼저 생각하게 되고, 크게는 서로 비

숫한 생각을 하고 공통된 입장을 가지도록 유도할 수 있게 된다. 그런 다음 질문과 토론으로 세부 디테일을 풍부하게 만들면 된다.

질문을 할 때는 매우 구체적으로 하는 것이 중요하다. 너무 두리뭉실하게 질문하면, 질문의 의도가 무엇이냐고 물어올 때도 있다. 질문이 질문으로 이어지는 상황은 불필요한 커뮤니케이션을 만들고, 본질에서 벗어나는 상황을 만든다. 그래서 "회원가입 전환율을 늘릴 방법은 무엇일까요?"라고 묻는 것보다 "우리가 지난 분기 진행했던 가입 전환과 리텐션에 좋은 결과를 얻은 이벤트와 유사한 다른 건 또 없을까요?" 이렇게 질문하는 것이 더 낫다. 질문에 구체성이 있는 것은 물론이고 팀 단위 경험이라는 공통의 기준에서 시작할 수 있기 때문에 좀 더 활발한 논의를 이끌어 낼 수 있다.

또, 질문은 너무 포괄적이지도 않아야 한다. "우리 서비스의 신규 회원을 늘리는 방법은 무엇일까요?"라는 질문 속의 '신규 회원'은 지나치게 포괄적이다. 하지만 "우리 서비스의 주 사용층인 20대 여성 사용자를 더 확보할 방법은 무엇일까요?"라는 질문은 좀 더 명확한 범위가 설정되어 앞선 경험을

*끄*집어내는 트리거 역할을 한다. 그리고 20대 여성을 고려하는 것 자체가 맞는 건지, 왜 20대 여성이어야 하는지, 지금 신규 회원 확보가 중요한 것인지 등의 기본 공감대에 대해서도 다시 한번 생각해보게 된다.

팀 단위로 자주 하는 질문 리스트 같은 것을 갖고 있는 것도 좋다. 나와 다른 시각의 답을 얻고자 던지는 질문도 충분히 의미 있지만, 우리의 공통 기준에 맞는 질문을 미리 만들어 두면, 질문을 떠올리는 생각의 시간을 줄일 수 있고 놓치는 것이 없는 회의가 된다. 기능 개발 등 일정 규모의 프로젝트를 시작할 때 꼭 작성하는《스펙 노트》에는 나와 팀에게 묻는 질문이 포함되어 있다. 그리고 프로젝트가 마무리된 뒤에는 회고 시간의 질문이 팀 단위의 성장과 배움을 위한 출발점 역할을 한다.

질문이 지닌 힘은 생각보다 크다. 질문을 통해 사람들을 하나의 문제 또는 이슈로 집중시킬 수 있고, 질문을 놓고 다양하게 논의하는 과정에서 열린 결말처럼 다채로운 의견을 수집 반영할 수도 있다.

기획자는 여러 의견과 제안을 통해 정답을 찾아가는 과정을 중요하게 생각해야 한다. 개인과 팀의 관점에서 질문을 어떻게 더 잘할 수 있는지, 지금까지 했던 질문에 문제는 없는지, 다시 한번 돌아보면 좋겠다. 오늘보다 내일, 좀 더 나은 다음을 위한 질문을 더 많이 던지면 좋겠다.

이런 기획자가 되고 싶은 마음

감정 조절을 잘하는 사람이 되자

감정을 잘 조절할 수 있는 사람이 되는 것은 정말 중요하다. 기획자는 다양한 이해관계자와 커뮤니케이션하는 것을 기본으로 여러 복잡한 문제를 해결해야 하는 위치다.

감정의 요동이 심하거나 이를 숨기지 못하고 잘 드러내는 사람은 여러 사람에게 피해를 줄 수 있으며, 객관적인 의견보다 주관적인 판단에 따라 업무를 진행하게 될 가능성이 높다. 이런 기획자와 함께 일하는 동료는 불편하지 않으려고 눈치를 보거나 해야 할 말을 제때 하지도 못한다(상사라면 더더욱). 무엇보다 좋지 않은 에너지를 퍼뜨려 팀 자체를 위험에 빠뜨리기도 한다.

감정 조절을 잘하는 방법으로 권하고 싶은 것은 기록(글쓰기)이다. 내가 어떤 상황에서 감정을 주체하지 못하는지, 그래서 결과적으로 어떤 일이 벌어졌는지 글로 써보면 좀 더 정확하게 나 자신을 알고 조심하게 된다.

배려하는 사람이 되자

개발이나 디자인 등 다른 담당자들이 기획자의 업무를 두고 통상 하는 불만은 기획 내용이 무엇이든 이를 미리 알지 못해 기존에 하고 있던 일에 영향을 받을 때다. 중요 사항을 미리 파악하지 못해 일의 순서 등이 꼬였다는 점에서는 어느 누구 하나 불만을 품지 않을 수 없겠지만 말이다.

《스펙 노트》 등으로 무엇을 왜 해야 하는지 공감대를 갖게 되었다 하더라도 세부적인 논의나 기획에서는 변경되거나 추가로 전달해야 하는 자료 등이 생길 수밖에 없다. 이때, 수정 사항만 공유할 것이 아니라 함께 논의했던 가장 최근의 내용이 어떻게 영향을 받는지 함께 전달하는 것이 중요하다. 그래야 일정의 타이트함도, 여러 변수로 말미암은 일정 조정도, 모두가 오케이 할 수 있다.

왜? 라는 이유에 답할 수 있는 사람이 되자

일을 잘하는 사람들의 공통적인 특징은 이 일을 왜 해야 하는지 명확한 근거를 갖고 있다는 점이다. 그런데 주관적인 근거로는 자신을 설득할 수는 있겠지만 다른 사람을 설득하기에는 어렵다.

공통의 기준이라 할 수 있는 자료나 데이터 등으로 '왜?'라는 질문에 답해야 한다. 그리고 이를 공유해야 한다. 그래야 동료들 역시 같은 기준에서 반박하거나 다른 의견을 제시할 수 있다. 팀의 문화에 따라 다를 수 있지만, 나는 가급적 '공통의 기준'을 만들어 그 범위 내에서 의견을 내도록 한다. 기준은 우리가 나아가고자 하는 방향이고, 어떤 데이터와 지표에 초점을 맞춰 커뮤니케이션할 지에 관한 내용이다. 중요한 것은 주관적 판단에 따라 비효율적인 커뮤니케이션을 해서는 안 된다는 점이다. 왜 우리는 이 서비스를 만들어야 하지? 왜 20대 여성들이 좋아하지? 이런 질문에 나는 물론이고 함께 일하는 동료도 근거를 갖고 얘기하는 환경을 만들어야 한다.

모든 과정에 원인과 이유를 생각하는 사람이 되자

어떤 사안에 충돌되는 이견이 발생했다. 충돌은 아무 이유 없이 생기지 않는다. 반드시 어떤 트리거를 통해 시작되는 경우가 많다. 이때 기획자의 역할은 관전자가 아니라 문제 해결자가 되어 이유를 확인하고 조정하고 모두가 오케이하게 하는 사회자여야 한다.

1:1 대화를 한 번씩 해보면 곁에서 볼 때와 직접 파고들어 확인할 때가 다르다는 것을 알 수 있다. 그러니, 무턱대고 판단하는 것보다 이유가 무엇인지 차근차근 살펴볼 수 있는 사람이 되어야 한다. 원인을 정확히 알 수 있어야 해결 방법도 정확하게 찾을 수 있다.

팀과 함께 성장하는 사람이 되자

배움은 나를 위한 배움이 있고 팀을 위한 배움이 있다. 기획자가 정책을 잘못 설계해서 혹은 디자이너가 모바일 내 텍스트 비율을 놓쳐서처럼 누구 책임인지 명확히 밝히는 것도 중요하지만, 더 중요한 것은 왜 그런 실수를 하게 되었는지 이유를 아는 것이다. 테스트를 꼼꼼하게 하지 못했을 수도 있고 일정을 지나치게 빠듯하게 잡아 데드라인에만 신경 썼을 수도 있다. 이런 것이 바로 팀을 위한 배움이다.

같은 실수를 반복하지 않으려면 함께 노력할 방법을 찾아야 한다. 팀 단위로 실수한 내용을 기록하고 이를 다시 검토하는 일이 자연스러운 업무가 되어야 한다. 이런 환경을 만들 수 있다면 우리 팀은 실패를 통해 더 단단해진다. 슈퍼셀(클래시 로얄, 브롤스타즈 등을 개발한 핀란드 게임 회사)이 '실패 파티'를 하는 이유도 이런 맥락에서다.

함께 일하는 팀원에게 집중할 수 있는 사람이 되자

　종종 기획자는 어떤 일을 하느냐는 질문을 받을 때, 계주의 첫 번째 주자와 같다고 말한다. 모두가 같이 뛰는 경기지만 기획자는 가장 먼저 뛰는 첫 주자에 해당한다. 그런데 내 차례의 달리기가 끝났다고 해서 모든 일이 끝난 것처럼 행동하는 기획자가 있다. 나도 처음에는 그랬다. 다음 주자, 또 그다음 주자가 어떻게 달리는지는 신경 쓰지 않았다.

　기획은 프로젝트의 끝이 될 수 없기 때문에 함께 일하는 사람(개발자, 운영자, 디자이너 등)이 어떻게 다음 단계로 진입하는지, 무슨 어려움을 겪고 있는지 등을 알고 있어야 한다. 함께 일하는 사람에게 집중하며 미리 준비해야 할 것은 무엇인지, 나로 시작한 출발이 잘못되지 않으려면 어떤 도움을 주어야 하는지 계속 챙겨야 하는 것이 기획자다.

경험을 의심할 수 있는 사람이 되자

"그때 이렇게 해봤는데, 이런 결과가 나왔어요. 이번에도 같은 방법을 활용해보면 어떨까요?"라고 말하며 의사결정을 유도하는 사람이 있다. 물론 같은 조건과 환경이라면 고려해보겠지만 그럴 가능성은 낮다. 타겟 충도 서비스가 제공하는 가치도 모두 다른 경우라면, 전에 이렇게 해서 성공했다식의 의견은 지극히 주관적인 경험일 뿐이다. 그리고 큰 성공을 경험했다 하더라도 동일하게 반복된다는 보장도 없다. 그래서 기획자는 이전 경험을 끊임없이 의심하는 습관을 가져야 한다. 특히, "이전에 이렇게 성공했어"라고 말하는 일은 더더욱 삼가야 한다.

지금까지 얘기한 일곱 가지는 나에게 하는 다짐과도 같다. 실제 위의 내용 전부를 지키며 일한다는 것은 꽤 난이도가 있는 일이다. 연차가 높다고 해서 쉽게 습득할 수 있는 것도 아니고, 누구나 아는 유명 기업에서 일한다고 해서 자연스럽게 익힐 수 있는 것도 아니다. 늘 변수를 끼고 일해야 하는 스타트업에서 생존하려면 자신만의 기준이 있어야 하는데, 위의 일곱 가지는 그런 점에서 나의 다짐이고 기준이다.

나는 책상 한쪽, 눈에 띄는 곳에 이 일곱 가지를 적어놓고 매일 확인한다. 부족한 점을 채우기 위해, 잘하고 있는 것은 더욱 확장하기 위해서다.

이 책은 나의 소중한 경험담이다. 남들이 알만한 유명한 기획자나 PM도 아니고 화려한 이력이나 배경이 있는 것도 아니지만, 누구보다 많은 경험을 혼자 힘으로 해왔다. 앞으로도 이 경험이 나를 좀 더 우수한 기획자로 그리고 관리자로 만들어 줄 것이다. 이 책이 여러분에게 "기획자로 일하는 것"에 대한 작은 마중물이 되었으면 좋겠다.

10년 차 IT 기획자의 노트 :
아홉 개의 노트가 알려준 성장과 배움의 습관

초판 1쇄 발행 2023년 8월 1일
초판 2쇄 발행 2024년 7월 22일

지은이 한성규

펴낸이 이승현
디자인 유어텍스트

펴낸곳 좋은습관연구소
주소 경기도 고양시 후곡로 60, 303-1005
출판신고 2023년 5월 16일 제 2023-00009호

이메일 buildhabits@naver.com
홈페이지 buildhabits.kr

ISBN 979-11-983919-0-2 (13320)

좋은습관연구소에서는 누구의 글이든 한 권의 책으로 정리할 수 있게
도움을 드리고 있습니다. 메일로 문의주세요.